# Escola Unesp de Liderança e Gestão

CRISTIANE YUMI KOGA-ITO
TANIA REGINA DE LUCA
(Orgs.)

# Escola Unesp de Liderança e Gestão

## Instrumento para excelência da gestão institucional

CULTURA ACADÊMICA
Editora

ESCOLA UNESP
DE LIDERANÇA E GESTÃO

**Cultura Acadêmica**
Praça da Sé, 108
01001-900 – São Paulo – SP
Tel.: (0xx11) 3242-7171
Fax: (0xx11) 3242-7172
www.culturaacademica.com.br
www.livrariaunesp.com.br
feu@editora.unesp.br

CIP – Brasil. Catalogação na publicação
Sindicato Nacional dos Editores de Livros, RJ

E73

Escola Unesp de Liderança e Gestão: instrumento para excelência da gestão institucional / organização Cristiane Yumi Koga-Ito, Tania Regina de Luca. – 1.ed. – São Paulo: Cultura Acadêmica, 2016.

ISBN 978-85-7983-734-0

1. Liderança. 2. Comunicação empresarial. 3. Comunicação nas organizações. I. Koga-Ito, Cristiane Yumi. II. Luca, Tania Regina de.

15-27095 CDD: 658.4092
CDU: 005.322:316.46

Este livro é publicado pelo Programa de Publicações Digitais da Pró-Reitoria de Pós-Graduação da Universidade Estadual Paulista "Júlio de Mesquita Filho" (Unesp)

Editora afiliada:

Asociación de Editoriales Universitarias de América Latina y el Caribe

Associação Brasileira de Editoras Universitárias

# Sumário

## Parte II



## Parte III

# Prefácio
# Escola Unesp de Liderança e Gestão (EULG): espaço acadêmico para a governança do ensino superior

*Marilza Vieira Cunha Rudge*
*Julio Cezar Durigan*

A iniciativa da Unesp para a criação da EULG decorre da necessidade de fortalecer um modelo de governança proativa em consonância com o ambiente acadêmico de uma universidade pública estadual, multicâmpus e de Classe Mundial. Com essas características, a Unesp tem como uma de suas fortalezas sua presença em 24 cidades, a partir das quais, num raio de 100 km, cobre todo o estado de São Paulo. No entanto, esse aspecto pode também ser interpretado como uma fragilidade, pois as distâncias que separam as unidades separam, também, seus alunos, professores, servidores técnico-administrativos e gestores acadêmicos.

Coordenar as ações acadêmicas e de governança na Unesp, e criar espaço comum de convívio acadêmico-administrativo entre instâncias similares das diferentes unidades é uma atividade complexa e trabalhosa. Nesse contexto, foi colocada como proposta de gestão a criação de uma universidade corporativa dentro da Unesp. Assim, em oficina realizada com lideranças acadêmicas e administrativas, foi desenvolvida a ideia de um "espaço acadêmico" para discutir a governança do ensino superior: a EULG. Isto porque os docentes que se aventuram nas atividades de gestão universitária não têm formação específica para tanto, já que foram contratados pela instituição devido à competência demonstrada em sua área de conhecimento.

Portanto, os princípios que nortearam a criação da EULG foram delineados para que os líderes gestores tivessem sempre claro que a atividade fim da universidade (ensino, pesquisa e extensão) deve, prioritariamente, direcionar suas ações. Dessa forma, a governança funciona para diagnosticar situações complexas e planejar processos que efetivamente respondam aos vários cenários com ideias e soluções originais. Assim, a EULG inicia suas atividades fornecendo aos gestores a oportunidade de ampliar seu conhecimento, a fim de identificar desafios e tomar decisões inovadoras compatíveis com a essência da universidade, com um pensar estratégico voltado para futuro e para um mundo globalizado.

A capacitação que também se espera dos líderes gestores – pró-reitores, diretores e vice-diretores, coordenadores de cursos de graduação e pós-graduação e chefes de departamento – é a flexibilidade administrativa, com criatividade nas ações e habilidades que impulsionam mudanças. A governança de uma universidade multicâmpus é dificultada pela inexistência de regras, fórmulas ou modelos prontos. Portanto, o líder gestor precisa de um olhar atento para o mundo contemporâneo, com agilidade para antever mudanças e maleabilidade para discutir a perspectiva de novos modelos.

Atualmente, a EULG, com dois anos de funcionamento, é o espaço acadêmico de governança do ensino superior, onde se discutem temas voltados à construção de uma universidade moderna, sempre inacabada e pronta para a introdução de novas referências que darão subsídio ao avanço do ensino superior na perspectiva global: a Universidade de Classe Mundial!

## Comissão gestora da Escola Unesp de Liderança e Gestão

Profa. Dra. Marilza Vieira Cunha Rudge (Líder da Comissão Gestora)
Profa. Dra. Cristiane Yumi Koga-Ito (Coordenadora da Comissão Gestora)
Profa. Dra. Andréia Maria Pedro Salgado
Prof. Dr. Arnaldo Cortina
Sra. Emilia Maria Gaspar Tóvolli
Prof. Dr. José Roberto Ruggiero
Prof. Dr. José Paes Almeida Pinto
Prof. Dr. Klaus Schlünzen Junior
Prof. Dr. Leonardo Theodoro Büll
Sra. Jurema Garbin Vieira de Souza Leite
Profa. Dra. Maria Aparecida Custodio Domingues
Prof. Dr. Maurício Delamaro (até 2014)
Dra. Melyssa Claudia De Falchi Tomasini
Sr. Rogério Buccelli

# Apresentação

*Cristiane Yumi Koga-Ito*
*Tania Regina de Luca*

Desde o início de suas atividades em 2013, a Escola Unesp de Liderança e Gestão (EULG), em consonância com os objetivos que motivaram sua organização, promoveu uma série de debates com vistas a discutir a questão do gerenciamento das universidades, instituições de alta complexidade que enfrentam desafios de natureza variada. O presente volume reúne o conjunto de contribuições apresentadas em diversos eventos promovidos por essa escola.

As reflexões estão organizadas em função das temáticas abordadas. Assim, abre o livro um conjunto de seis textos que tem por objetivo analisar as articulações entre sociedade e universidade em perspectiva ampla, uma vez que as expectativas em torno do papel e da função social da instituição alteram-se à medida que a própria sociedade transforma-se com o correr do tempo, como explicita o estudo de Marco Aurélio Nogueira, que abre o volume. A capacidade de responder aos novos desafios que se sucedem e se sobrepõem com grande velocidade no mundo contemporâneo é uma das questões centrais para as universidades públicas brasileiras, com seu modelo de gestão baseado em órgãos colegiados, aspecto que é analisado por Ruthy Nadia Laniado, enquanto as questões relativas às modificações na cultura organizacional estão no cerne da reflexão de Thomaz Wood Júnior, que analisa os passos necessários para a implementação de perspectivas integradas de mudanças que ultrapassem as soluções simples e reducionistas, sempre tentadoras mas de eficácia duvidosa.

Não restam dúvidas quanto à urgência de apresentar respostas ágeis num contexto de aceleradas mudanças, o que faz emergir com força a problemática da liderança, temática abordada por Léo Fernando Castelhano Bruno, que passa em revista a ampla literatura existente sobre o assunto e discute os resultados de pesquisa levada a cabo com executivos de empresas de média e grandes dimensões em operação na América do Sul. Igualmente na ordem do dia estão as avaliações, seja das instituições ou de seus estudantes, aspecto que desperta intensos debates e que é analisado por Peter Scoles em perspectiva histórica para o contexto norte-americano. Fecha a primeira parte do livro o estudo de Luiz Roberto Liza Curi, que se volta para a realidade brasileira e avalia a recente expansão das matrículas no terceiro grau, bem como os impactos do sistema avaliativo e regulatório governamental.

A segunda parte abre-se com a contribuição de Elizabeth Balbachevsky e Maria Teresa Kerbauy sobre o conceito de governança universitária, suas tipologias e considerações sobre as especificidades brasileiras, com destaque para as políticas governamentais para o ensino superior e seu impacto nas instituições, a exemplo do programa REUNE. É justamente o novo cenário vigente o objeto de estudo de Armando Zeferino Milioni, que desenha um instigante quadro analítico ao contrapor os dados estatísticos brasileiros com o sistema público de educação do estado da Califórnia, enquanto Teresa Dib Zambon Atvars também se debruça sobre a expansão do sistema educacional para destacar os desafios em termos de eficiência na relação ingressantes e concluintes, distribuição regional e por áreas de conhecimentos, além de dar conta do caso específico das universidades paulistas, com destaque para os esforços da Unicamp no sentido de implantar processos de gestão de qualidade.

Três dos ensaios finais são dedicados à discussão da organização departamental, adotada na grande maioria das instituições brasileiras. Helio Waldman contextualiza a experiência da jovem

Universidade Federal do ABC, localizada em Santo André, que não se organiza a partir desse modelo, enquanto Marcos Felipe Silva de Sá explicita os pressupostos que justificam o departamento e as necessidades para o seu bom funcionamento, além de fornecer um exemplo bem-sucedido, evidenciando a importância das práticas cotidianas. A experiência da Unesp, que abriga os dois modelos, é o tema da contribuição de Mário de Beni Arrigoni, Cynthia Ludovico Martins e Everton José Goldoni Estevam, que dão conta de diferentes experiências e avaliações sobre a questão. Fecha o volume o relato dos resultados alcançados na graduação da Unicamp com o Programa do Professor Especialista Visitante em Graduação (PPEVG), colocado em prática a partir de 2011 e que dialoga com atividades similares, levadas a efeito em instituições norte-americanas e do Reino Unido.

Ao colocar à disposição os textos apresentados em vários de seus eventos, a EULG espera contribuir para o debate sobre os rumos da gestão universitária no país.

# Parte I

# 1
# Uma formação para refazer os pactos de convivência

*Marco Aurélio Nogueira*

Cada época tem um padrão de gestão, que corresponde ao modo como nela se vive e se pensa, e também aos problemas e desafios com que se defrontam os gestores e suas organizações. Por isso, o primeiro passo para que se discuta a formação de gestores diz respeito à questão de saber em que sociedade vivemos. Que desafios a coletividade nos impõe e que tipo de dirigente se mostra mais adequado para interagir com ela?

Se nos concentramos na universidade, esse primeiro foco se desdobra. Leva-nos, antes de tudo, a privilegiar os impactos que o modo de vida produz na instituição de ensino, ou seja, a considerar tanto os alunos, professores, técnicos, servidores administrativos e pesquisadores que estão hoje presentes nos ambientes acadêmicos quanto as expectativas que a sociedade tem em relação ao papel da universidade. Hoje, sobretudo no Brasil, a universidade se converteu em via de passagem obrigatória: está cercada pelo mercado, pelo Estado, pela sociedade e pelos indivíduos. Todos querem se aproximar dela e os jovens, em especial, veem nos cursos oferecidos ali uma oportunidade ímpar de ascensão social e profissional. A universidade se massificou e tem de responder a questões novas, que não estavam necessariamente inscritas em seu DNA. Qual o efeito disso sobre seu cotidiano, sua identidade e sua missão?

O presente texto pretende fornecer elementos para que se discutam ambos os pontos.

## A história é sempre continuidade e mudança

Percebemos hoje que vivemos em um mundo diferente daquele mostrado nos livros um pouco mais antigos, com o qual interagimos cerca de vinte ou trinta anos atrás. Com uma mola transformadora poderosa na economia e na tecnologia, trata-se de um mundo que só pode ser entendido se formos além. Não é possível dizer apenas que a economia ou a tecnologia determinam unilateralmente os diferentes aspectos da vida. A complexidade é alta e escapa de determinações rígidas. Não é pelo simples fato de perceber que estamos em uma nova fase de acumulação do capital, por exemplo, ou perante uma nova revolução tecnológica, que conseguiremos estabelecer um diagnóstico preciso da época em que vivemos. Temos de considerar com atenção redobrada a dimensão sociocultural e pensar, com ela, as formas de vida, relacionamento, associacionismo, política e organização.

O modo como vivemos, hoje, apresenta aspectos inusitados e surpreendentes, que renovam os parâmetros do comportamento, da ação e do pensamento. É um mundo paradoxal, que anuncia e promete muitas coisas, que facilita mas ao mesmo tempo torna a vida sempre mais angustiante e difícil. Estamos saindo de uma época em que as instituições sociais tinham alta capacidade de modelar as condutas e as decisões humanas para ingressar em outra, na qual os indivíduos estão "soltos" e são levados a se automodelar. Movimentam-se intensamente e compõem arranjos coletivos incessantes, cada vez mais fugazes e transitórios. As estruturas que derivam das individualidades desconectadas, soltas, têm baixo poder de agenda e adotam agendas de curta duração. Hoje, as instituições têm dificuldade de pautar a vida coletiva: há uma espécie de "fracasso" no âmbito institucional. As instituições falham, a começar por aquelas que são decisivas para a ordenação social, como por exemplo os governos e os diversos setores da administração. A escola, outro pilar da sociabilidade, enfrenta graves problemas de afirmação, e as próprias famílias já não conseguem mais funcionar como antes: caminhamos em direção a um padrão de família mais aberto e com menos capacidade de orientar seus integrantes.

Não é por acaso que muitos cientistas sociais passaram a enfatizar que o mundo atual está apoiado em um impetuoso processo de individualização (Beck, 2010; Lipovetsky, 2005; Touraine, 2006). Há mais autonomia e liberdade, mas também menos anteparos e orientação. Além disso, a dimensão tecnológica da vida, as redes e os sistemas de comunicação e informação fazem que os indivíduos sejam constantemente monitorados, como se fossem um conjunto de dados, números, siglas e links. Há um desdobramento disso no plano das identidades: a identidade digital, virtual, compete com a identidade na vida real, tendendo a se tornar mais importante do que ela. Com isso, os indivíduos problematizam os laços comunitários e mergulham com mais intensidade no mercado, deixando-se modelar por ele, mesmo contra sua vontade.

Ainda que o capitalismo tenha sido sempre mundial, a globalização atual nem sempre existiu, pois as formas de articulação da economia mundial e as relações entre os Estados são completamente diferentes. O próprio sistema capitalista mudou sua forma: é mais financeirizado, os bancos são seus principais operadores, os mercados são multinacionais, os capitais se encontram muito centralizados e a atividade industrial é declinante, assim como os investimentos produtivos.

Não vivemos como nossos pais, por mais que mantenhamos muitos de seus hábitos, valores, ritos e tradições. Não temos o mesmo conhecimento de sempre, pois há uma forte quebra de rotinas e paradigmas, e porque é da natureza da ciência superar a si própria e experimentar novos caminhos. Não podemos ter a mesma universidade de antes, pois a universidade espelha a sociedade em que vive, embora conserve suas funções e muitos de seus procedimentos, e ao espelhar a sociedade absorve seus temas, seus padrões de conduta, seus dilemas.

É claro que algumas coisas permanecem. A vida social não está inteiramente de pernas para o ar. Há ritos e tradições que se mantêm, outros que retornam depois de terem sido dados como mortos. O mercado, a desigualdade, a pobreza, alguns preconceitos, a vontade de poder, o desejo de acumular e a necessidade de trabalhar continuam a preencher as agendas humanas. Isso, porém, ocorre de um modo novo e em contextos dinâmicos, que mal concedem tempo para adaptações.

Esse novo mundo, além do mais, produz insegurança e desamparo. Anthony Giddens (1999) fala de "insegurança ontológica" para caracterizar o vetor que estrutura a vida e o estar-no-mundo de cada um de nós. Passamos, por exemplo, pela primeira vez na história, a temer o futuro. Ao longo da história, o que sempre causou medo foi o passado. Era indispensável impedir que o passado voltasse, faziam-se revoluções contra ele e contra seu legado. De repente, o passado se torna uma espécie de concha para onde as pessoas desejam voltar, de certo modo temendo o futuro ou vivendo uma situação de mal-estar diante do presente. Seja como for, sem uma ideia de futuro, como se o passado tivesse sido melhor e mais confortável do que o presente. Modelos de progresso social e de futuros promissores são contrastados e deslegitimados pelos problemas da vida cotidiana, são vistos, vividos e sentidos como um agravamento crescente: a violência, a insegurança, as cidades difíceis, as desigualdades e exclusões, o desemprego, a falta de perspectivas. Sonhos se convertem em pesadelos. A crítica da realidade é substituída pelo repúdio, pela indignação e pelo conformismo perante o real. Desmancham-se assim, ou perdem poder de convencimento, as diferentes utopias. As distopias ganham destaque e projeção.

Há perigos e oportunidades por toda parte. Tudo está ao alcance das mãos e ao mesmo tempo fora de controle. Temos mais potência como pessoas, mas temos também mais dificuldades para definir coletivamente o caminho a ser seguido. Somos mais livres como indivíduos, mas temos menos parâmetros de orientação. Estamos mais conectados uns aos outros e precisamos aprender a viver em redes. A velocidade é geral, assim como é grande a rapidez da inovação tecnológica, que entra sem pedir licença na vida cotidiana, no mundo do trabalho, da cultura e das relações sociais. A diferenciação social também cresce em decorrência disso. Vamos ficando mais iguais e mais diferentes, mais conectados e mais isolados.

Abre-se assim um complexo e complicado circuito de características que desafiam o modo de viver e a estrutura das sociedades. (Veja a Figura 1).

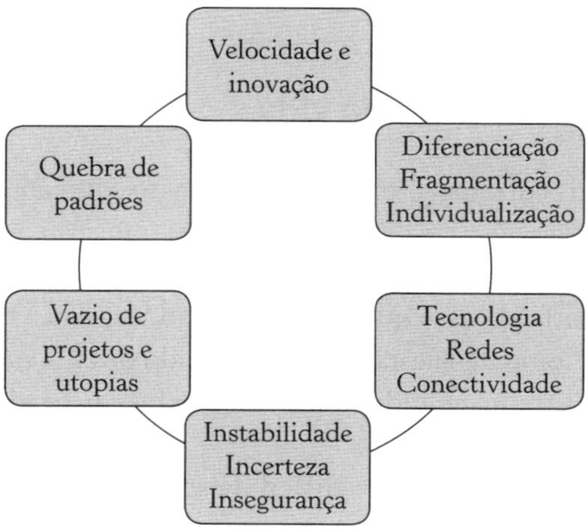


Figura 1. Condicionantes do modo de vida atual

Se tais ponderações são razoáveis, então não há como continuar organizando, ensinando, aprendendo, dirigindo e gerenciando de forma tradicional, ou seja, como se fazia antes e segundo parâmetros rigidamente instituídos. Os indivíduos, que são o principal patrimônio e o recurso mais estratégico, precisam atuar em organizações que reflitam melhor o modo como se vive, que lhes forneçam ambiente existencial adequado, espaços ampliados de liberdade, oportunidades de discussão, condições superiores de trabalho e inserção em processos de educação continuada.

Em termos organizacionais, educar não é criar líderes excepcionais, CEOs que mudem imperiosamente as coisas. Educar é criar agentes (cidadãos) que saibam atuar em termos coletivos, em rede e de modo democrático, unindo e articulando pessoas ou setores. Formar para a gestão tornou-se a exigência dos tempos atuais, em que "tudo" de certo modo se tornou assunto gerencial e onde as atividades dependem de políticas sofisticadas, planejamento, administração de recursos, financiamento e construção de imagem/identidade. Não é razoável que as organizações sejam comandadas por dirigentes que não assimilem conhecimentos e habilidades gerenciais, e não trabalhem como produtores de coletivos ativos.

## A gestão no centro da vida

A gestão ocupa lugar importante em nosso cotidiano justamente porque a vida está meio desorganizada, em transição, marcada pela incerteza, pela mudança veloz e pelo protagonismo dos indivíduos. É em boa parte por isso que o tema "gestão" passou a ter tanta importância. Como nada está sendo governado direito, nada pode ser bem administrado, os indivíduos ficam sobrecarregados. Convertem-se todos em "gestores".

Vivemos em um mundo difícil de ser controlado, no qual os diversos "controladores", os gestores, estão na berlinda, sendo observados, analisados, pressionados e questionados.

Que fontes de pressão atacam hoje a gestão, especialmente no setor público?

Em primeiro lugar, *a insatisfação dos cidadãos*. Muitas coisas melhoraram na área pública, em termos de serviços e atendimento, mas isso não foi suficiente para que a insatisfação difusa das pessoas diminuísse. O indivíduo continua achando que a causa principal de sua desgraça (exceção feita a Deus e ao destino) é o governo. Extravasa sua ira e seu descontentamento jogando pedras no governante, no funcionário do posto de saúde que não atende direito, no professor que não ensina, no agente previdenciário, e assim por diante.

A segunda fonte de pressão é *a fragmentação, a diversificação e a aceleração da vida*. Hoje vivemos em alta velocidade, turbinados, queremos que tudo aconteça anteontem, não gostamos de esperar, não estamos treinados para esperar, a impaciência tornou-se regra. O efeito disso no âmbito da gestão é extraordinário. As pessoas incrementam sua insatisfação diante de qualquer lentidão. Nos casos em que a lentidão é excessiva, o cidadão volta para casa com a certeza de que aquele serviço não presta, ou de que ele, cidadão, não vale nada. O contraste entre a lentidão dos sistemas e a aceleração das expectativas produz muita efervescência, criando uma fonte que desorganiza ou ajuda a desorganizar a gestão.

Em terceiro lugar, há a "crise das verdades" ou a "crise dos paradigmas". Hoje vivemos em dúvida crônica. Falo em paradigmas pensando nas grandes estruturas metodológicas e doutrinárias que vieram dos séculos XVIII, XIX e XX e que hoje se encontram postas em xeque, submetidas a discussão, abandonadas parcial ou completamente, ainda que não estejam de todo mortas. O mais interessante, porém, é pensarmos nos pequenos "paradigmas", nas certezas tradicionais, nas orientações que recebíamos prontas para tocar a vida. Vivemos imersos em dúvidas existenciais. O sistema de saúde, a profusão de exames laboratoriais, as sucessivas descobertas químicas, os novos tratamentos, a facilidade com que se encontram informações, a rapidez com que se renovam informações e conhecimentos, tudo faz que fiquemos em estado de alerta permanente. As coisas mudam tão depressa que não há mais muita certeza sobre o que deve ou não deve ser feito. É óbvio que existem o bom senso, o conhecimento, a sabedoria espontânea, as práticas tradicionais, tudo aquilo que nos fornece parâmetros, mas o clima manifesto de dúvida é uma característica da vida atual. Ele ajuda a complicar a gestão. De que maneira se devem organizar as atividades? De que maneira proceder para que os serviços aconteçam? Deve ou não existir uma hierarquia nos lugares? Como tomar decisões?

O sentido e o valor da autoridade são igualmente postos em dúvida. Quem tem a última palavra? Alguém deve ter a última palavra? Quem? O mais velho, o mais sábio, o mais competente, o encarregado, o mais legítimo, o mais sedutor? Ou temos de decidir tudo em assembleias permanentes?

Outra fonte de pressão é *o planejamento difícil*. É possível planejar no quadro em que vivemos? Algum planejamento é certamente possível, sobretudo se forem incorporados os parâmetros do planejamento estratégico, que é mais maleável e não segue procedimentos excessivamente técnicos ou formalizados. Mas o mundo atual – o mundo das relações internacionais, do mercado global, das sociedades nacionais concretamente estruturadas – mostra-se tão "irracional" e tão "irresponsável" que parece desafiar qualquer plano ou tentativa de coordenação. O próprio Estado-nação, que encarnou quase à perfeição o poder político-jurídico-administrativo no mundo moderno, não ocupa mais o centro da vida, ainda que continue desempenhando um papel relevante.

O sociólogo inglês Anthony Giddens (2007), por exemplo, sugere que vivemos em um "mundo em descontrole", título de um de seus livros. Zigmunt Bauman (2001), cientista social polonês, fala em "modernidade líquida", com o intuito de destacar a dificuldade de se captar, interpretar, organizar e dirigir o mundo atual. Ulrich Beck (2010) acredita que somos personagens de uma "sociedade do risco". Bom exemplo disso é o mantra que costuma ser repetido por muitos serviços de segurança: "Não sabemos quando será o próximo atentado terrorista, mas sabemos que um novo atentado ocorrerá". Poder-se-ia dizer o mesmo das crises econômicas e dos acidentes ecológicos.

Como planejar uma vida líquida? Poder-se-ia pensar na imagem do aquário ou do contêiner, algum recipiente hermeticamente fechado. Mas não há como trancafiar a vida atual. Qualquer tentativa nesse sentido, além de atentar contra a democracia, implicaria produzir mais tensão e explosão. Quem aceitaria permanecer trancado em uma garrafa como o gênio da lâmpada, à espera de alguém que a destampe? Se não aceitamos sequer as autoridades básicas, não aceitaríamos o cerceamento da liberdade. E não tanto por opção política: é que não podemos viver em ambientes "líquidos" sem nos mover e movimentar o tempo todo, sob pena de nos afogarmos.

É verdade que sistematicamente são postas em curso inúmeras operações de controle e repressão. A maior parte delas, no entanto, serve para mostrar que algo está sendo feito, que os poderes estão atentos e vigilantes, que não devemos nos esquecer deles. No fundo, porém, é como se se estivesse tentando bloquear um jato d'água impulsionado por extrema pressão. Efetivamente não se está controlando muita coisa. A burla e o repto aos sistemas de vigilância encontram mil maneiras de se manifestar.

*A movimentação intensiva* também é uma fonte de pressão. Vivemos em um mundo que se movimenta cada vez mais. Se considerarmos os "deslocamentos" feitos no ciberespaço, mediante uso de tecnologia de informação e comunicação, podemos perceber que estamos em territórios imprecisamente demarcados e controlados. O antropólogo indiano Arjun Appadurai (1997) fala, por exemplo, em "soberania sem território". Jürgen Habermas (2001), o grande filósofo do nosso tempo, emprega o conceito de "constelação pós-nacional" para indicar a emergência de um mundo no qual os territórios nacionais têm menos importância e são sobrepujados – como modeladores da experiência social – por empresas, organizações, forças sociais e indivíduos que vão criando novos espaços e aprofundando os limites de atuação dos Estados-nação. O sociólogo espanhol Manuel Castells (1999), por sua vez, tem insistido sistematicamente na ideia de que o Estado, hoje, precisa se estruturar em rede e compartilhar sua soberania se quiser continuar a cumprir uma função de relevo na vida das pessoas. Ou seja, precisa desistir da soberania absoluta e negociar sua soberania com outros Estados e outros entes.

*Os termos específicos da vida brasileira* são outra fonte de pressão. Muitas pressões sobre a gestão pública derivam daquilo que poderíamos chamar de "modernidade periférica radicalizada", na qual o moderno se afirma categoricamente, mas é condicionado pela reprodução de componentes, estruturas e agentes da vida tradicional típica da condição periférica do país. Sobre essa plataforma operam diversos efeitos deletérios, que complicam a marcha do conjunto da sociedade. (Veja a Figura 2). Somente para salientar um dado assustador, que indica com clareza o tamanho de nosso problema: segundo pesquisa divulgada pela Secretaria da

Receita Federal em julho de 2015, menos de 1% dos contribuintes concentra cerca de 30% de toda a riqueza declarada em bens e ativos financeiros. Os brasileiros com renda mensal superior a 160 salários mínimos (que correspondem a 0,3% dos declarantes de IR) concentraram, em 2013, 14% da renda total e 21,7% da riqueza, totalizando rendimentos de 298 bilhões de reais e patrimônio de 1,2 trilhão de reais. É uma disparidade que se poderia chamar de ultrajante e que produz efeitos colaterais em cascata sobre toda a sociedade, bem como sobre a atuação do Estado e o financiamento das políticas públicas.

Figura 2. A dinâmica social brasileira

Somando-se tudo isso, pode-se dizer que os efeitos imediatos desses processos geradores de pressão impactam o plano organizacional da seguinte maneira: fazendo que as culturas organizacionais fiquem defasadas, enfraquecendo as lealdades, ampliando as dificuldades de coordenação, controle e direção, tornando mais difícil a governança e fazendo que prevaleçam reações adaptativas de pouca ousadia, em vez de propostas rigorosas de reforma. Isso, que explode no campo micro, tem a ver com o que ocorre no campo macro.

## Gestão e sofrimento organizacional

Articulando essas fontes geradoras de pressão entre si, podemos encontrar uma explicação adicional para o fato de a gestão ter passado a adquirir grande relevância nos dias atuais. Sem gestores, a rigor, nada pode funcionar, em nenhum plano ou dimensão que se queira, até mesmo na vida pessoal. Tudo se tornou complexo demais para ser simplesmente "vivido". Mas as coisas também não avançarão apenas por obra e graça de gestores em sentido estrito, ou seja, profissionalmente concebidos: eles são indispensáveis, mas não suficientes.

O fato é que as organizações passaram a viver em "estado de sofrimento" (Nogueira, 2011). Continuam a produzir resultados, mas também muito mal-estar. Para efetuarem pequenos avanços, precisam gastar energia descomunal. O mais assustador é que gastam excessiva energia para funcionar, mas não conseguem eliminar a insatisfação e a apatia que tomam conta de seus integrantes. As pessoas não respondem mais às regras de comando de antes e não conseguem dar sustentação e estabilidade a regras novas. Passam a burlar os sistemas organizacionais e a negociar sua integração a eles. De uma perspectiva geral, o "estado de sofrimento" associa-se à "configuração das sociedades modernas como sociedades complexas, isto é, despojadas de centros unificadores claramente estabelecidos e legitimados de modo estável". Organizações e instituições imitam as sociedades e tendem, elas também, a ficar progressivamente "descentradas", pouco receptivas a esforços de unificação e de fixação de sentidos:

> As organizações, assim, "sofrem" por se ressentirem da ausência relativa de centros indutores e vetores consistentes de direcionamento. Evoluem meio fora de controle, ou meio artificialmente, como sistemas vazios de densidade comunicativa ou, parafraseando Habermas, sem "mundos-da-vida" ativos, capazes de produzir consensos interpretativos, solidariedade e formas espontâneas de coordenação. Os centros dirigentes estão formalmente presentes, mas

> operam de modo pouco efetivo, não se legitimam com facilidade e produzem escassos efeitos organizacionais. Conseguem, digamos assim, disseminar ordens administrativas e comandos de autoridade, mas não criam vínculos ativos de vontade coletiva. Dominam, mas não se mostram capazes de dirigir. É precisamente por isso que as organizações que "sofrem" não são necessariamente organizações mal organizadas ou desprovidas de estruturas administrativas visíveis, presentes e bem aparelhadas. Elas estão administrativamente estruturadas, mas o aparato administrativo não se mostra solidarizado com as pessoas e só consegue se vincular a elas a partir "de fora", como mecanismo de coerção, bloqueio ou burocratização. (Nogueira, 2011, p.208).

Nossa época está a assistir à rarefação dos articuladores coletivos, dos operadores capazes de produzir consensos e, portanto, projetos de vida coletiva. Temos um grave déficit de dirigentes e lideranças com clareza programática, consistência doutrinária, carisma e capacidade de interação ampliada.

## Refazer os pactos de convivência

O fato de a complexidade ser alta faz que a gestão só possa ter êxito se, ao lado dos especialistas em gestão, existirem massas expressivas de não especialistas, conquistadas para a tarefa mesma da gestão. A gestão centralizada, duramente procedimental, hierarquizada e formalista, por exemplo, não adere ao mundo atual. O universo da gestão está sendo invadido por outros critérios e valores: participação, flexibilidade, descentralização, autonomia, organização horizontal. O diálogo, a criatividade e a negociação tornaram-se as principais ferramentas do gestor.

É por essa trilha que avança a ideia de participação. Hoje, as pessoas são impelidas a participar, os gestores precisam "convocar" os interesses para com eles compartilhar determinadas decisões. Irrompendo em um ambiente repleto de pressões, carências e falta de referências, a "hiperparticipação" ajuda a tumultuar a vida das organizações, ainda que também seja um imprescindível fator de democratização, revitalização e renovação. Participar não é estar mobilizado o tempo todo, envolvido em conselhos, greves ou assembleias deliberativas: para produzir efeitos duradouros, é necessário se infiltrar e se disseminar, fixar-se no plano do trabalho e da organização de atividades produtivas. Conselhos e assembleias são formas fáceis de envolvimento, pois estão institucionalizados e conhecem alguma rotina. É um paradoxo, mas talvez seja por estar institucionalizado que esse tipo de participação tem fôlego curto, terminando, depois de certo tempo, por não conseguir manter o envolvimento dos interessados.

A mesma complexidade que produz "desejo" de participar também gera a exigência de um gestor de qualidade diferente. Um técnico, com certeza, no sentido de que não há como "fazer coisas" sem algum tipo de conhecimento operacional especializado. Mas também uma pessoa dotada de recursos críticos abrangentes, capaz de avaliar situações, desenhar alternativas, imaginar cenários futuros consistentes. O gestor de que se necessita é alguém que possua, em doses elevadas, um estoque de recursos políticos, cívicos, com os quais seja possível incrementar e melhorar a convivência e a interação das pessoas.

Não é evidentemente fácil materializar essa perspectiva ou agregar pessoas capazes de reunir a razão operacional com a razão crítica e a razão política. O jogo social de hoje – a modernidade periférica radicalizada, a vida complexa em que nos encontramos – cria obstáculos adicionais complicados. Desencadeia, por exemplo, múltiplas dinâmicas de fragmentação, de aceleração, de velocidade, de conectividade em tempo real – o que complica a assimilação dos tempos necessários para que se produzam determinados resultados –, exponencia as demandas, separa e isola as pessoas, seduzindo-as pelas facilidades da vida virtual, e assim por diante.

Processos formativos com envergadura estratégica e qualificados para interagir com o mundo de alta complexidade não estão disponíveis em manuais, prontos para ser "aplicados". Não existem gurus com fórmulas milagrosas. Tudo precisa nascer de uma consideração crítica do ambiente externo, mais amplo, e do ambiente interno, mais particular.

Formar não é uma operação dedicada a socializar técnicas, modelos e habilidades. Pode fazer isso, mas sua força está na colocação em marcha de processos reflexivos, políticos e culturais. Implica pensar a gestão como algo mais do que um exercício administrativo, técnico, vazio de valores e significados, passível de ser submetido a uma racionalidade instrumental elementar. Deve ter como foco a refundação dos pactos com que se vive. Não é algo que deva privilegiar um ou outro segmento, nem muito menos selecionar os participantes conforme ideias preconcebidas, como, por exemplo, a que julga que os dirigentes não precisam receber formação específica porque já estão preparados e "lá em cima" tudo se resolve.

A agenda com que lidamos é ampla e inclui temas complexos, de difícil equacionamento. Se pensarmos no desenvolvimento institucional de uma universidade, por exemplo, a agenda não dirá respeito somente a temas educacionais ou relacionados à ciência. Os temas se interpenetram. Como a educação superior foi valorizada e se tornou um roteiro para todos, seus temas são imediatamente sociais, políticos e culturais. Estão revestidos de uma dimensão ético-política que não comporta respostas simples nem "silêncios muito eloquentes". Temos de falar, mas não podemos falar qualquer coisa.

Em processos formativos dedicados a refazer pactos de convivência, a fixação de perspectivas deveria contar mais do que a difusão de técnicas e procedimentos gerenciais. Isso, porém, não significa que se deva erguer uma muralha entre técnicas operacionais e perspectivas filosóficas, entre o "saber fazer" e o "saber pensar". Bem ao contrário, deve-se partir do pressuposto de que a meta é o estabelecimento de uma concepção unitária, que integre as duas possibilidades de formação e as combine na dinâmica mesma do processo formativo. A questão é sobretudo de eixo: devemos tentar inverter a mão da corrente dominante, colocando a visão abrangente e crítico-histórica do Estado, das organizações, da universidade e da comunidade como mais relevante e estratégica do que uma "formação técnica", instrumental.

A perspectiva da articulação é vital, porque as atividades de formação estão forçadas a realizar um duplo e simultâneo movimento. Precisam, por um lado, produzir resultados no curto prazo: melhorar o desempenho dos serviços e dos trabalhadores. Isso significa formar para a *ação*. Mas precisam mais ainda, por outro lado, criar condições para que se pense o longo prazo e se desenhem projetos de comunidade. Isso significa formar para a *reflexão*.

Precisamos formar quadros que administrem melhor (a burocracia permanente), quadros que planejem e quadros que dirijam. Para tanto, precisamos mobilizar grande quantidade de conhecimentos e informações, criar oportunidades de interação e fixar perspectivas e orientações de sentido. Nosso maior desafio é fazer isso de *modo não compartimentado*, de forma a permitir que *todos*, sem romper com seus campos particulares de inserção, possam ver as coisas de forma abrangente.

Se vivemos mesmo em "sociedades inteligentes", nas quais é indispensável saber sempre mais e investir sempre mais em conhecimento, não há como banalizar o problema da instrução e da formação. Temos de nos preparar para armar um sistema educacional que perdure por todo o nosso tempo de vida, aquilo que costuma ser chamado de educação permanente. Precisamos de um sistema que nos ponha em contato com o contínuo aumento dos conhecimentos e das fontes de informação, satisfazendo a necessidade que temos de compreender os resultados da pesquisa científica e da inovação tecnológica, entendendo suas repercussões na vida, nos valores e nos direitos individuais. Precisamos de um sistema que assimile as transformações do trabalho e nos ajude a entender quais os conhecimentos fundamentais para que possamos conviver como cidadãos em sociedades complexas e para que governemos conscientemente nossa existência coletiva. Cursos, seminários e programas de formação não devem se limitar a funcionar como correias de transmissão de orientações técnico-administrativas. Devem atuar como uma espécie de "consciência crítica" da gestão e da convivência em um mundo complexo, contribuindo para que não se constitua um quadro marcado pela descontinuidade político-administrativa ou pela ausência de vontade política. Para formar em termos substantivos, precisamos de um tempo pedagógico prolongado – um tempo que independa dos tempos e agendas de gestão ou governo. Somente assim os programas terão como progredir, amadurecer e se autocriticar.

Todo processo educacional pode se converter em um novo fator de diferenciação e exclusão: os que sabem e os que não sabem, os que fazem cursos de formação e os que não fazem. Exatamente por isso, só faz sentido pensar em formação estratégica se no horizonte estiver a perspectiva democrática de fornecer uma espécie de "formação republicana", isto é, uma formação laica e pluralista para todos os envolvidos – uma formação no decorrer da qual possam ser confrontadas diversas hipóteses filosóficas, políticas, culturais e religiosas, e possam ser compartilhados os valores coletivos fundamentais.

## Universidade, pensamento e ação

A universidade sempre foi um espaço de debate e reflexão. Um lugar para se pensar o mundo, pesquisar, aprender e estudar, seja no sentido básico de acumular conhecimentos, produzir ciência e adquirir melhores estruturas reflexivas e melhores condições de trabalho, seja no sentido de entender a vida e intervir criticamente na sociedade.

A articulação entre seus objetivos fundamentais – debater, estudar, pesquisar, aprender, ensinar – constitui a razão de ser da universidade, aquilo que a distingue como instituição. Desconectados, esses objetivos se tornam inúteis e, ao serem agitados de modo hipostasiado, acabam por comprometer a universidade.

O ideal de uma comunidade de professores e estudantes sempre figurou entre as grandes utopias universitárias, como aspiração e eixo existencial. Uma universidade de qualidade, que desempenhe efetiva função pública, não é somente uma instituição com bons docentes e boa estrutura física. Ela também existe em um plano não material, como estado de espírito, cultura, disposição intelectual. Aliás, é sobretudo nesse plano que as boas universidades se apoiam para crescer. Uma comunidade de interesse, pensamento e ação entre docentes e estudantes é a melhor garantia de que a universidade funcionará bem, tanto no que diz respeito a suas finalidades (o ensino, a pesquisa, a aprendizagem) quanto no que se refere aos meios que podem ser empregados para tal.

Tudo isso figura nos princípios de todas as grandes universidades. Mas o que é fácil de ser encontrado nas cartas de intenções e nos discursos de praxe nem sempre se traduz adequadamente em termos práticos. Não é por se falar em comunidade e defender um ideal comunitário que uma comunidade passa a existir. Ela nunca está pronta; precisa ser construída e reconstruída dia após dia, em um processo ininterrupto. Além disso, nem toda comunidade é virtuosa.

Ainda que estejam do mesmo lado e devam se entender quanto às finalidades da universidade, docentes, servidores e estudantes nem sempre caminham juntos. Podem divergir em muitos pontos, até porque estão separados por abismos geracionais muitas vezes enormes, e também porque se relacionam de modo distinto com a instituição. Aquilo que para a maioria dos professores e servidores é atividade permanente, emprego e fonte de identidade, para os estudantes é uma via de passagem, um meio para se projetar em outros ambientes e seguir em frente. Há muito combustível para que professores, servidores e alunos entrem em atrito. O sucesso da "boa" comunidade repousa em sua capacidade de fazer que os atritos sirvam para fortalecê-la, em vez de miná-la, coisa que só pode acontecer se os participantes se dispuseram a uma vida coletiva livre, aberta, plural e dialógica. Sem isso, há pouca chance de as questões serem processadas democraticamente e de as soluções refletirem o interesse das maiorias – tanto das que já se encontram na comunidade em questão quanto das que estão fora dela, na sociedade, que é onde se encontra, no fundo, o sentido de tudo.

Hoje, as universidades estão soltas e sozinhas demais, tanto em relação ao mundo político quanto em relação à cultura e ao mundo social. Estão, acima de tudo, sem uma política que as conceba como parte integrante de um projeto estratégico de nação. Por outro lado, estão repletas de propostas adaptativas, casuísticas, voltadas para ajustes contábeis, invariavelmente saudados pelos governos, que sonham em ver uma universidade que não onere os cofres públicos e que, no limite, seja financiada em termos darwinistas, pelo "mercado" ou por aqueles "que podem pagar". Falta uma ideia de universidade, algo que forneça uma perspectiva. Falta até mesmo uma reflexão a respeito do que seja ensino público hoje – um valor republicano inquestionável, que integra a própria razão de ser da escola em geral, mas que precisa ser reiterado em termos concretos, com os olhos na sociedade realmente existente.

Assim, diante da universidade erguem-se não apenas sua burocracia interna e o poder estatal, mas a própria sociedade, que não parece se dar conta da importância decisiva de um ensino superior efetivamente público, gratuito e de qualidade. A luta, portanto, não pode mais se concentrar apenas na dimensão "governo" – o governo interno e o governo do Estado –, mas precisa se voltar para a conquista da opinião pública.

Na universidade brasileira atual, luta-se mais por "direitos" do que por ideias. O foco não é a qualidade de ensino, bons professores e bons cursos, mas recursos, diplomas e vantagens, e estas últimas somente em alguns casos dizem respeito à pesquisa e ao ensino. Muitas vezes, são vantagens direcionadas para melhorar a posição relativa de certos segmentos. Na agenda universitária cabe tudo, sem muita hierarquia ou critério. Faltam articulação e projeto comum. A agenda está invertida, os fins estão sendo engolidos pelos meios.

Boa parte dos atuais problemas da universidade deriva do fato absolutamente moderno da *massificação*, vista em sua dimensão socioeconômica e em sua expressão cultural. Forçada a se converter em fenômeno de massa, a universidade ainda não conseguiu se ajustar inteiramente a isso. Está imersa em uma longa e difícil transição, que transcorre em um ambiente complicado, efervescente, pouco organizacional, truncado em termos comunicativos, no qual os desafios se superpõem. Trata-se de um reflexo bem acabado das mudanças estruturais, da quebra de paradigmas e culturas, da suspensão de pactos de convivência e rotinas administrativas.

A massificação foi acompanhada de um impulso para a democratização. De início concentrada na questão do acesso, logo a demanda se estendeu para o campo da gestão. Democratizar, então, passou a significar essencialmente participar, fixar mecanismos de deliberação paritária e realizar eleições diretas para os cargos de direção, bem mais do que pôr em curso processos concertados de tomada de decisões. É inegável que, por essa via, se avançou bastante na constituição de colegiados deliberativos e na dinamização dos ambientes universitários, mas o avanço não foi categórico. Não propiciou, por exemplo, a revitalização da gestão propriamente dita, nem melhorou a qualidade das decisões, podendo-se mesmo dizer que a ênfase na dimensão mais simbólica e aparencial da democracia acabou por produzir maior lentidão e menor rigor nos próprios processos decisórios, que se esvaziaram de critérios de mérito (acadêmico, inclusive) e se congestionaram de pressões e postulações corporativas. Também por esse motivo, a democratização acabou por reforçar a burocratização, em vez de reduzi-la ou contê-la. Produziu-se assim o paradoxo lembrado há trinta anos pelo filósofo José Arthur Giannotti:

> Quanto mais a universidade tem se politizado, mais se reforça o poder burocrático. E isso se explica facilmente, pois, enquanto professores, alunos e funcionários se esfalfam na corveia de tomar decisões demoradas, como a escola não pode parar, os burocratas agem à socapa. Acresce ainda que os funcionários tendem a cerrar fileiras com eles na defesa de seus interesses sindicais (Giannotti, 1986, p.95).

A democratização não se traduziu em termos de *democratização do conhecimento*. Em que pese toda a movimentação participativa e paritária, pouco se avançou no que diz respeito à criação das condições institucionais e comportamentais (didático-pedagógicas) necessárias para uma formação de massas igualitária ou baseada em uma igualdade categórica das oportunidades, de modo a propiciar a *todos* as mesmas condições de progressão intelectual, acesso a conhecimentos e interação acadêmica.

A universidade também foi se modelando progressivamente como sistema de produção de conhecimentos aplicados, de habilidades técnicas especializadas, de saberes-peritos tidos como sempre mais estratégicos. A consequência desse esforço no cotidiano organizacional foi problemática, seja pelas dissonâncias que passaram a se manifestar no plano imediatamente didático-pedagógico (maior dificuldade para definir a duração dos ciclos de formação e a composição das grades curriculares, por exemplo), seja pelas indefinições que passaram a turvar o próprio sentido da educação superior e o papel da universidade. De modo inevitável, o cotidiano organizacional ficou congestionado.

Modelos administrativos voltados para o mercado tornaram-se dominantes. Os problemas fiscais e a reconfiguração do Estado enquanto provedor de bem-estar passaram a funcionar como mecanismos adicionais de pressão em favor da adoção de critérios mais "racionais" de organização e funcionamento. A universidade foi incentivada, assim, a se tornar mais "produtiva", mais apta a "concorrer" no mercado e captar recursos, mais eficiente na prestação de seus serviços, e assim por diante. Como é evidente, tal tendência afetou sobretudo a universidade pública de ensino e pesquisa, que começou a viver com reduções orçamentárias e ajustes, particularmente deletérios na área das humanidades.

## Governar a universidade para sair da crise

As dinâmicas que prevalecem na vida social produzem efeitos sobre a estrutura organizacional da universidade, em boa medida invertendo sua hierarquia. Agora, a dimensão acadêmica (cuja prevalência inquestionável garantiu não só o prestígio da universidade, mas também sua longevidade como instituição) já não se superpõe mais à dimensão técnico-administrativa. Com colegiados deliberativos imperfeitos, as decisões se dilatam no tempo e nem sempre conseguem produzir efeitos. Ao mesmo tempo, acentua-se a tendência a que o administrativo se "solte" e ganhe vida independente, superpondo-se à "alma" acadêmica. Em decorrência, torna-se muito mais difícil pensar a universidade como projeto unitário.

A gestão universitária adquiriu, assim, determinações mais complexas.

Mais do que de boa administração, a universidade pública necessita hoje de bom governo. Não basta melhorar as habilidades técnico-administrativas em sentido estrito, nem muito menos incorporar novas "tecnologias gerenciais" ou novos desenhos organizacionais. Tudo isso pode ser útil, mas é seguramente insuficiente. Sem valorização profissional e sem uma política de recursos humanos que se concentre nos indivíduos como sujeitos capazes de deliberar e agir, inseridos em espaços formativos repletos de ideias e orientações de sentido, os avanços serão inexpressivos.

A universidade pública de ensino e pesquisa, laica e republicana, encontra-se em estado de sofrimento, mas com certeza está muito longe de ter entrado em agonia. Para recuperar a centralidade como instituição social dedicada à formação e ao conhecimento, qualificada como opinião e preparada para projetar futuros, a universidade precisa rever algumas de suas práticas atuais e muitos dos procedimentos que tipificam seu cotidiano. Precisa se reorganizar, ter coragem para se passar a limpo e se renovar.

Recupero aqui, para finalizar, alguns pontos que pude destacar em outra oportunidade (Nogueira, 2005):

- Antes de tudo, a universidade precisa *valorizar sua autonomia*, conquistando o poder de decidir o fundamental, quer dizer, seu modo de funcionamento, não só no plano administrativo-financeiro, mas sobretudo no plano propriamente acadêmico. Isso significa, antes de tudo, rebelar-se contra a tirania da produtividade, dos critérios quantitativos, dos prazos curtos definidos por agências que são externas a ela, ainda que estejam sob controle da "comunidade acadêmica". Significa também, por extensão, dar novo sentido e significado à ideia de formação e conhecimento, revendo seus currículos, sua sistemática didático-pedagógica e seus planos de estudo. Autonomia está associada evidentemente à liberdade de fazer opções, gerir recursos e tomar decisões, mas se identifica também com capacidade de traduzir as condições externas (gerais) em princípios de organização e atuação. Uma universidade é autônoma não quando se descola do Estado ou da sociedade, mas quando incorpora a si – como questões suas – as demandas, expectativas e pressões do Estado e da sociedade, sem ser tolhida por elas mas, ao contrário, sabendo respondê-las com independência, desprendimento e responsabilidade, valendo-se delas para se afirmar como instituição.

- É indispensável, também, que *ensino* e *pesquisa* se tornem efetivamente equivalentes e complementares. Não há por que privilegiar a pesquisa, como se ela pudesse frutificar fechada em si mesma e fora das salas de aula. Não faz sentido enfatizar a pesquisa como porta de entrada no mundo da captação de recursos, até porque isso violenta a própria natureza da investigação científica. Uma universidade que banaliza o ensino não progride como espaço de formação, do mesmo modo que regride e se deforma se não dá o devido incentivo à pesquisa. Ensino e pesquisa são atividades fundamentais e devem integrar, em igualdade de condições e mediante articulações de reciprocidade e troca contínua, a estrutura e a cultura de todas as instituições acadêmicas, não apenas das "melhores". Separações entre escolas de pesquisa e escolas de ensino, ou entre professores que pesquisam e professores que ensinam – ou, como se faz corriqueiramente hoje, entre professores da graduação e professores da pós-graduação –, não são apenas prova de elitismo vulgar. São um contrassenso, uma demonstração de cegueira e alienação.

- Até porque é daí que vem sua maior fonte de legitimação, a universidade precisa *dialogar de modo inteligente com a sociedade*. Deve buscar a sociedade, pôr-se em contato ativo e regular com ela, torná-la protagonista da própria dinâmica universitária. Fazer isso seriamente, porém, implica romper com toda e qualquer tentação paternalista. Continua intocável a missão a que se arvorou a universidade, qual seja, a de colaborar para que a sociedade se explique a si mesma, elabore e desenvolva sua autoconsciência, conheça-se melhor e construa uma imagem de si. Permanece estratégica sua contribuição para que se organizem as agendas nacionais, para que se defina o que precisa ser feito para que indivíduos, grupos e comunidades vivam de modo justo e civilizado, inserindo-se com soberania e dignidade no mundo. Do mesmo modo, a universidade está chamada a interpelar todo o universo da educação, articulando-se de modo ativo com os demais níveis de ensino, para assim compartilhar experiências e, sobretudo, promover o constante encontro do conjunto da sociedade com o que a humanidade produz de relevante nos mais diversos campos da ciência e da arte.
- Em quarto lugar, a universidade terá de decifrar o *desafio de sua democratização*: ir além do refrão "mais vagas" e "mais participação". Democratizar não pode significar apenas ter acesso facilitado, representação paritária e eleições diretas para os cargos de direção, por mais que isso seja relevante e indispensável para a dinamização dos ambientes universitários. A democratização só fará sentido se souber rever seus próprios passos, respeitar a especificidade e a finalidade da instituição, e se traduzir em termos substantivos, quer dizer, como *democratização do conhecimento*.
- Será preciso encontrar um eixo para *assimilar a massificação*, equilibrando quantidade e qualidade. Convertida em fenômeno de massa, a universidade foi sendo levada a crescer e a se expandir, modificando-se com isso. Sua própria morfologia adquiriu outra configuração. Agora, a universidade não tem

> como deixar de continuar crescendo para absorver as massas de jovens que batem às suas portas. Terá de abrir mais vagas e mais cursos, oferecer mais aulas e serviços de extensão, diversificar sua oferta. Mas não terá sucesso nessa operação e se descaracterizará se abrir mão de princípios consolidados, se postergar a qualidade para um ponto futuro não determinado, se optar por se mexer sem cessar apenas para não ficar parada.

A universidade superará sua crise tanto mais depressa quanto mais depressa assumir a condição de "usina" estratégica de formação de lideranças intelectuais. Os que são por ela formados não podem ser meros "especialistas", detentores de um saber concentrado em pontos específicos. Precisam ter a vocação do universal, da *universitas*, projetando-se como personagens que reúnem especialização e capacidade de direção, conhecimento especializado e visão ético-política, ciência e cultura.

Um tripé precisará, assim, ser constituído: prevalência do mérito acadêmico, pacto democrático de convivência e padrão superior de gestão. A reiterada condição de "dupla personalidade" que atormenta as relações entre o acadêmico e o burocrático precisa dar lugar a uma vigorosa interação dialética. Afinal, nenhum projeto de gestão universitária terá como se efetivar se não contiver um projeto acadêmico e for por ele conduzido. O corpo docente, por exemplo, não tem como permanecer encarando a gestão como "fardo" ou "coisa menor". Sua omissão compromete a hipótese mesma de uma gestão democrática, que é, acima de tudo, uma atividade coletiva. Mas não basta vontade ou disposição: a renovação da gestão depende de projetos e conhecimentos. A reforma, o crescimento e a inovação dependem da recuperação dos pactos internos, do diálogo institucionalizado e da negociação incessante.

A reposição do mérito fará que a universidade se reencontre com seu sentido originário e deslanche como instituição dedicada à produção e difusão de conhecimentos. A democracia ajudará a que se construa um pacto que solidarize os interesses, respeite as individualidades e incentive a participação de todos. Com a renovação da gestão, será possível inventar-se como instituição. E, por fim, dialogando de modo inteligente com a sociedade, a universidade terá como se conhecer melhor e encontrar incentivos para não se congelar em si mesma, não respirar seu próprio ar nem olhar apenas para seus próprios pés.

A universidade é um patrimônio da humanidade. Atacada ou não, em crise ou não, ela existe, e é agora, neste momento concreto por que passa a sociedade brasileira, que precisa mostrar seu valor.

## Referências bibliográficas

APPADURAI, A. Soberania sem territorialidade: notas para uma geografia pós-nacional. *Novos Estudos*, São Paulo, CEBRAP, n.49, nov. 1997.

BAUMAN, Z. *Modernidade líquida*. Rio de Janeiro: Zahar, 2001.

BECK, U. *Sociedade de risco:* rumo a uma outra modernidade. São Paulo: Editora 34, 2010.

CASTELLS, M. *A sociedade em rede*. São Paulo: Paz e Terra, 1999.

GIANNOTTI, J. A. *A universidade em ritmo de barbárie*. São Paulo: Brasiliense, 1986.

GIDDENS, A. (1999). *As consequências da modernidade*. São Paulo: Editora Unesp, 1999.

______. *Mundo em descontrole*. 6.ed. Rio de Janeiro: Record, 2007.

HABERMAS, J. *A constelação pós-nacional:* ensaios políticos. São Paulo: Littera Mundi, 2001.

LIPOVETSKY, G. *A era do vazio:* ensaios sobre o individualismo contemporâneo. São Paulo: Manole, 2005.

NOGUEIRA, M. A. *Um Estado para a sociedade civil:* temas éticos e políticos da gestão democrática. 3.ed. São Paulo: Cortez, 2011.

______. Sofrimento organizacional, democracia e gestão universitária. In: TÓVOLI, E. M. G.; SEGATTO, J. A.; NOGUEIRA, M. A. (Orgs.). *Gestão universitária*. Araraquara: Laboratório Editorial; São Paulo: Cultura Acadêmica, 2005. p.19-67.

TOURAINE, A. *Um novo paradigma:* para compreender o mundo de hoje. Petrópolis: Vozes, 2006.

# 2
# O DESAFIO DA GESTÃO NA UNIVERSIDADE PÚBLICA

*Ruthy Nadia Laniado*

Na ação administrativa de gestão em organização complexa, os desafios significam lidar com atores e questões diversas que envolvem decisões, etapas e procedimentos de forma contínua. São situações que se formam no cotidiano, e também em escalas e hierarquias médias e macro, para desafiar a capacidade de os envolvidos criarem soluções e realizarem metas. Isso envolve fatores que remetem aos centros de poder, ao engajamento e compromisso por meio da participação, assim como à visão dos indivíduos para alcançar resultados factíveis. Acima de tudo, os desafios da gestão em uma organização complexa requerem criar os meios de promover mudanças de forma contínua, pois que a dinâmica do funcionamento de uma organização acompanha sempre as (novas) demandas do ambiente profissional e social de seu entorno.

Para analisar o tema que relaciona a organização universitária pública e os desafios que ela suscita, parte-se das seguintes questões: sendo a universidade uma organização moderna bem complexa, em um mundo que promove a descentralização dos núcleos de poder, como liderar, na gestão universitária, com a participação dos pares em colegiados paritários? Que fatores devem ser levados em conta para introduzir mudanças que permitam melhorias de toda ordem? Para uma análise do tema, este capítulo traça considerações sobre quatro eixos importantes: universidade como instituição social e organização complexa do trabalho; fatores e dilemas da gestão universitária; gestão e representação na universidade pública; cultura e gestão nas organizações complexas.

## A universidade como instituição social e organização do trabalho – um corpo social *sui generis*

Há visões divergentes sobre o fato de a universidade ser uma instituição no sentido de uma estrutura abrangente do social, ou no sentido weberiano de uma organização burocrática. Penso que a universidade é um corpo social *sui generis*, que combina (1) o caráter institucional do conhecimento e da cultura por meio da produção e da sociabilização do saber e do domínio técnico-científico, e (2) o lócus de reprodução social, uma organização do trabalho acadêmico que mescla conhecimento, profissionalização e administração desse trabalho.

Portanto, como instituição, a universidade é um elemento estruturante no processo de evolução social e de desenvolvimento das forças materiais das sociedades. Como afirma Mary Douglas (1987), as instituições expressam os modos de agir e pensar dos indivíduos e coletividades através dos tempos, cumulativa e reflexivamente. Ao mesmo tempo, na modernidade avançada, a expansão da cultura e da educação de massa acrescentou-lhe as feições de uma complexa organização do trabalho que funciona em vários níveis, compondo um sistema de funções e hierarquias regidas por normas que se inserem em um quadro legal mais amplo, aquele que rege as políticas públicas do setor educacional e científico.

O papel social da universidade permite integrar o indivíduo, a sociedade e a comunidade política onde ela se encontra em um modo contínuo e crescente, em termos qualitativos e quantitativos, da produção de conhecimento e da profissionalização por meio dos diplomas. São os indivíduos e as coletividades – os sujeitos do pensar e agir – que tornam essa instituição um fenômeno real por meio das diversas formas de capital (cultural, científico e social) que constituem o próprio processo de reprodução do social. Isto é, o funcionamento da universidade se dá em torno do capital cultural e científico acumulado que acompanha a trajetória de dependência (North, 1991; 1993) de sua história e de seu passado, onde ela se encontra. Por exemplo, comparativamente a outras no mundo, a universidade brasileira é recente, e sua história retrata a história colonial e republicana do país. Como local de produção de saber e organização, ela retrata o modo como a formação social brasileira priorizou a educação, o conhecimento e a profissionalização ao longo do tempo. Destarte, ela é a expressão da sociedade e da trajetória de seu desenvolvimento.

É na universidade que o conhecimento e a educação de nível superior se expressam por meio de discursos racionais estruturados ou espontâneos, uma forma de interação e comunicação que contribui para a constituição do espaço público onde a vida social moderna e as instituições, em geral, se viabilizam e se reproduzem continuamente. É por isso que a instituição universitária, ao ser uma importante expressão da realidade, conjuga oposições. Por um lado, ela é o espaço de convergência entre razão e prática social. Por outro, é o espaço do antagonismo entre consciência crítica ou mudança e reprodução ou adaptação.

Portanto, o caráter *sui generis* da universidade, hoje, a torna um complexo sistema de oposições que lhe dão forma e conteúdo, tais como: emancipação do sujeito (liberdade, felicidade) *versus* sujeição às normas sociais (controle, dominação); espaço público *versus* espaço privado (indivíduo, família); valores institucionais *versus* valores individuais; mudanças *versus* reprodução do *statu quo;* criatividade *versus* técnica e especialização massificada; valores humanísticos do saber *versus* mercantilização do saber; formação cultural geral *versus* formação para o mercado (serviços e especialidades); autonomia *versus* controle legal externo; valores intrínsecos *versus* valores extrínsecos à organização universitária; neutralidade *versus* politização; hierarquias *versus* participação; legitimidade como reconhecimento dentro da instituição *versus* legitimidade como reconhecimento da instituição pela sociedade.

Essas oposições convergem para sistemas de autoridade que impactam fortemente nas relações sociais dentro da organização do trabalho, nas disputas por poder e na capacidade de influenciar das categorias que a integram (professor, aluno, funcionário), na operacionalização dos processos administrativos e, mais do que tudo, na definição de diretrizes e projetos de caráter mais imediato ou de longo prazo. Diretrizes e propostas que orientam o funcionamento e a administração da universidade pública são os meios pelos quais concorrências, disputas e visões diferentes de universidade se manifestam no ambiente de trabalho e nas rotinas das atividades (Sampaio; Laniado, 2009).

## Fatores da gestão universitária – a produção de dilemas

A ciência, as competências técnicas e a profissionalização contribuem para a institucionalização das atividades humanas que mobilizam racionalidade e valores e propiciam condições para os debates, as críticas e a produção de consensos múltiplos sobre toda sorte de questões. Tais consensos são fundamentais para a estruturação dos espaços democráticos da própria universidade como organização e para a sociedade onde ela se encontra. Assim, dentro de seu espaço, a liberdade permite a existência de interesses e pretensões concorrentes e a afirmação de verdades que procuram se fazer aceitar por meio de argumentos racionais e discursos.

O desenvolvimento da instituição universitária como parte do sistema de educação superior, na maioria das experiências nacionais, se deu por meio do apoio do Estado, ampliando seu papel na vida pública e na comunidade. Os benefícios materiais, simbólicos e sociais que a ciência e a educação superior trazem são absorvidos ao longo de gerações e também transbordam as fronteiras onde se encontram. Tornam o saber e todos os meios que ele mobiliza um sistema de trocas e intercâmbio tão poderoso quanto as trocas na economia, nos fluxos de informação e nos princípios de ordenamento da vida política na ordem mundial. Portanto, o desenvolvimento e a expansão da universidade exigem capacidades para gerir essa complexa realidade, o que demanda autonomia para produzir com liberdade.

Para organizar a pluralidade de interesses, discursos e argumentações sobre verdades possíveis (os diferentes paradigmas da ciência) e os resultados do trabalho que elas orientam no âmbito da produção científica e do ensino, os indivíduos, dentro da universidade, convivem com sistemas de autoridade que servem para diferentes fins e são regulamentados por estatutos, preceitos e normas. Os sistemas de autoridade estão incrustrados na divisão das atividades em centros, institutos e setores geridos por meio de uma estrutura colegiada de decisão, a qual constitui, ao mesmo tempo, uma estrutura organizacional e uma instância de representação dos membros da instituição por meio de posições delegadas.

Os sistemas de autoridade para os quais convergem as oposições mencionadas acima compreendem a estrutura organizativa e deliberativa e não são neutros: eles incorporam a expressão política dos ideais do conhecimento e da educação dos membros da universidade e, por isso, constituem parte dos objetivos que a própria sociedade tem sobre o sentido do bem, o desenvolvimento, a justiça distributiva e a valorização da capacidade de que ela dispõe para contribuir através das gerações.

Autonomia, liberdade de pensamento, competências e múltiplos sistemas de autoridade convergentes formam o quadro mais amplo em que se organizam os indivíduos, as atividades, os espaços físicos, os rituais acadêmicos e as rotinas do mundo universitário. A organização administrativa e os recursos humanos das atividades-meio desse complexo universo do trabalho – administrar e gerir – estão assentados em dilemas contínuos sobre como equilibrar as diferentes faces da instituição e as oposições que ela comporta elencadas acima.

Os dilemas dizem respeito, na presente perspectiva de análise, a como manter a confiança e a cooperação entre os diferentes agentes das atividades acadêmicas *stricto sensu*, da administração e da gestão na universidade e em sua relação com a sociedade (Luhmann, 1988). Isto é, como lidar com os dilemas que surgem da complexidade desse sistema e garantir as funções sociais básicas do trabalho na universidade, uma instituição essencial para a coesão social e o desenvolvimento?

## Os dilemas da gestão e da representação na universidade pública

O gestor da universidade pública, hoje, exerce sua função dentro de uma estrutura de poder que caracteriza um sistema de liderança descentralizada, distribuída pelos vários setores, centros e institutos. As diferentes instâncias são organizadas por colegiados com poder deliberativo horizontal por setor, que vinculam cada profissional com poder de voto (professor ou funcionário) na base do próprio contrato de trabalho, e não na escala da carreira. Os cargos de gestão e direção são preenchidos por meio de mecanismos de representação a partir desses colegiados deliberativos, conforme propostas e valores sobre como gerir (interesses, objetivos, opinião) e quem são os que gerem (como pensam e como agem entre seus pares).

Considerando o sistema colegiado e paritário de administração universitária, o que é a universidade pública como organização complexa do trabalho? O trabalho, na universidade, é sempre produto das condições estruturais da educação em termos dos investimentos materiais realizados, do contexto sociopolítico no âmbito das decisões do regime democrático, assim como da liberdade para o trabalho e das condições intelectuais e culturais herdadas. Isto é, o trabalho dentro das organizações universitárias se dá em instâncias institucionais que não são neutras; elas expressam os interesses e conflitos existentes em seu entorno e – o que é relevante para a presente discussão – refletem a mentalidade e a visão de mundo dos indivíduos que nelas atuam.

Disso resultam os produtos da divisão social do trabalho e as relações sociais que estruturam o tempo presente e informam sobre as heranças passadas, ao longo de gerações. Na esfera pública, com sua influência na esfera privada, a universidade forma sistemas organizativos que caracterizam o *modus operandi* dentro da comunidade. Portanto, é uma organização moderna, cujo ambiente é determinado pelos que nela trabalham, os quais, por sua vez, produzem os ambientes onde os gestores atuam. Na universidade pública, eles devem cumprir uma função para a qual, quase sempre, são indicados por meios de representação das categorias profissionais.

É nesse ponto de interseção entre decisão de escolha do gestor conforme valor de política, de competência intelectual e de administração que se formam os dilemas do gestor universitário: ser o representante dos membros que o elegeram e, ao mesmo tempo, gerir para todos. Gerir o departamento, o centro, o instituto, ou mesmo a própria universidade na função de reitor, como um representante da coletividade. Para tal, as normas e os estatutos que unificam a função impessoal do agente se cruzam com os valores e modos de pensar do gestor e de sua equipe. Os valores sociais para o exercício desse poder atribuído – seja ele democrático, autoritário ou elitista – vêm à tona e são cobrados constantemente nas atividades e rotinas de trabalho. Ser justo e equânime por meio do uso adequado dos regulamentos e das normas se torna parte dos constantes dilemas e conflitos enfrentados na atividade de gestão.

Ao atuar na estrutura organizacional, os dilemas do gestor universitário se apresentam em relação a: (1) equilibrar os três pilares da função e do trabalho dentro da universidade, (2) negociar com o poder público os recursos para os projetos de expansão e modernização, (3) reequacionar constantemente a rede de apoio administrativo para garantir o funcionamento das atividades e rotinas que o trabalho demanda. Essas são as condições objetivas que o gestor deve garantir para o funcionamento equilibrado dos três pilares da universidade pública brasileira: ensino, pesquisa e extensão.

A seu cargo estão os projetos de expansão do ensino na graduação e pós-graduação para atender às demandas da sociedade.

A isso corresponde uma política de ampliação do corpo docente e de apoio, além da negociação para obter as condições materiais e normativas para essa ampliação. A estrutura administrativa que atende à expansão da universidade pública no Brasil, baseada em recursos públicos para tal, acaba por evoluir de forma mais lenta do que a necessidade e, por vezes, de forma inconsistente (por exemplo, recursos contingenciados que atrasam cronogramas).

O último dilema diz respeito à legitimidade da instituição na sociedade. Esse dilema configura a luta da universidade pública para legitimar constantemente sua importância junto aos pares e para a comunidade onde atua. Disputa o reconhecimento da qualidade de seu desempenho junto ao poder público, já que ele tem o controle das diretrizes básicas da educação, de C&T e dos recursos investidos nesses setores. O processo contínuo de luta por legitimação e reconhecimento, dentro e fora da organização, se realiza por meio de sua capacidade de manter um padrão de transparência de tudo que faz e produz, de como o faz e dos projetos de médio e longo prazo que desenvolve, tanto no campo de produção de ciência básica como no campo da formação de recursos humanos, conforme a demanda da sociedade e dos parâmetros de desenvolvimento estabelecidos. Portanto, o gestor não lida somente com questões de poder e prestação de contas dentro da instituição de ensino superior que o escolheu, mas lida também com seu ambiente externo, por estar sujeito às políticas públicas mais abrangentes nesse setor. Legitimação, reconhecimento e padrão de qualidade são promovidos por sistemas de avaliação pelas agências especializadas e por pares, atendendo a critérios internos e externos da instituição.

## Cultura e gestão universitária: mudar? Não mudar?

É o professor um bom gestor? Em cargos de gestão, como deve agir para influenciar, convencer e construir consensos, já que o poder para a gestão está ancorado em colegiados e representações?

Como afirma Douglas North, as instituições, na evolução do mundo moderno, contam muito para entender o modo de desenvolvimento de uma sociedade, carregando consigo o que o autor chama de trajetória de dependência. Isso quer dizer que o passado das instituições influencia seu presente e as escolhas necessárias para modernizá-las. É na conjugação desses fatores, juntamente com a abordagem de Mary Douglas mencionada anteriormente, que se forma a mentalidade dos agentes sociais e sua atuação no mundo institucional e nas organizações, entre elas a universidade pública.

Observando sua trajetória histórica, a universidade pública brasileira, a meu ver, poderia simplificar algumas funções e distribuir melhor responsabilidades de gestão entre docentes e funcionários altamente qualificados colocados em cargos de gestão de ponta (por exemplo, colegiados de cursos e pró-reitorias de administração). Há um excesso de funções administrativas e burocráticas exercidas por docentes, que poderiam estar mais atuantes nas atividades-fim: ensino, orientação, pesquisa e projetos de extensão.

Mas as funções centrais da gestão universitária que garantem seu caráter de corpo social *sui generis* são essencialmente funções docentes, pois organizam e disciplinam, a favor do professor pesquisador e do estudante, as atividades-fim e as rotinas típicas desse trabalho, nem sempre operacionalizado dentro dos rituais burocráticos de outras organizações. Supõe-se que o professor tenha as qualidades necessárias para gerir o essencial do mundo de seu trabalho e que ele está atento aos valores que expressa na comunidade acadêmica onde atua, ainda que seja um fato mais ou menos frequente o professor não desejar exercer cargos de gestão, argumentando as dificuldades logísticas da função ou a redução do tempo de estudo e pesquisa que a burocracia implicaria. Aqui se apresentam três dimensões dos dilemas enfrentados pelo professor-gestor nas atividades e rotinas das atividades-fim: a confiança, a cooperação e o risco (Luhmann, 1988). As duas primeiras são fundamentais para exercer as atividades por meio da delegação do poder atribuído ao gestor para o desempenho das atividades e das rotinas. O risco é uma dimensão fundamental para entender a capacidade de modernização da gestão e de produzir as mudanças certas dentro da organização universitária, que trarão resultados positivos ao longo do tempo.

Na tradição da cultura política brasileira, conforme as muitas contribuições de nossos cientistas sociais já clássicos sobre a cultura social e política brasileiras, trazidas por autores como Sérgio Buarque de Holanda, Roberto da Matta e Wanderley Guilherme dos Santos, entendo que há um alto grau de tensão entre participar de uma deliberação (ter poder de voto) e aceitar o resultado, que pode dizer respeito ao conteúdo de uma decisão ou a um eleito que irá dirigir dentro das normas e expectativas, conforme o cargo em questão. Entende-se que não é incomum, no mundo universitário, que membros de um corpo eletivo (departamento, instituto, centro, setor ou mesmo o reitorado), após eleger um representante (o seu ou o opositor), expressem um sentimento de insatisfação e uma resistência ao exercício da função do gestor e da autoridade que o cargo lhe confere, minando-lhe, molecularmente, a confiança e a cooperação. No geral, isso caracteriza uma resistência contínua aos sistemas específicos de autoridade das diversas atividades da gestão universitária, o que certamente cria dificuldades com as quais o gestor deve lidar no cotidiano, para evitar confrontos. Em vista disso, a fragilização da confiança e da cooperação dificultam a atuação do gestor, introduzindo maiores fatores de vulnerabilidade na relação com a congregação de eleitores.

Quanto ao elemento de risco mencionado acima, ele se apresenta em situações que demandam decisões e atuação com resultados de médio e longo prazo, como avaliações das atividades e dos recursos humanos, projetos e planejamentos de expansão e modernização, alterações estatutárias e de regulamentos e, como não poderia deixar de ser, avaliações sobre a qualidade dos trabalhos acadêmicos *stricto sensu*. Nesse âmbito da gestão, há uma tendência para propor projetos e alterações de caráter mais evasivo e impreciso, sem um detalhamento adequado que conjugue o que modificar, como fazê-lo e em quanto tempo (Sampaio; Laniado, 2009).

Sociologicamente, a imprecisão em deliberações é uma forma de expressar um baixo grau de comprometimento com o resultado, considerado pouco previsível para a efetivação das propostas. A imprecisão nas decisões e na gestão transcreve também a dificuldade de se inculcarem valores na universidade para lidar melhor com o risco que as mudanças possam trazer, já que não há um controle individual sobre os resultados finais de iniciativas que geram modificações para o conjunto. Por sua vez, a dificuldade de lidar com o risco de médio e longo prazo está relacionada à forma como a confiança e a cooperação se expressam no curto prazo, no cotidiano. Na realidade, esse parece ser um dilema que retrata bem as oposições hierarquias *versus* participação e valores institucionais *versus* valores individuais.

Pode-se dizer que, para a gestão universitária, a imprecisão dificulta a elaboração de propostas em um tempo mais exíguo, no sentido de poder desenvolver a maior parte de um projeto dentro do período de uma mesma gestão. Isso prolonga, então, o tempo das negociações e deliberações sobre as propostas sugeridas, aumentando o que poderia ser chamado de "compasso de espera" nas decisões e, finalmente, na efetivação de uma solução. Mas, em contraste com o tempo delongado para a ação, a imprecisão nas deliberações favorece o ambiente político, pois acaba por diluir a força dos conflitos e a oposição entre ideias divergentes (Sampaio; Laniado, 2009).

## Para concluir

Mudar? Não mudar? Esse dilema do gestor universitário expressa uma contradição da própria instituição. Ela é baseada na liberdade e no pluralismo, no pensamento crítico e nos debates, além de estar estruturada em um sistema de poder horizontal dentro das três categorias que a constituem. Os núcleos colegiados deliberativos e a liderança descentralizada são as feições do ambiente da gestão. Mas o gestor tem dificuldade de otimizar os esforços de sua gestão e de introduzir mudanças que atenderiam aos membros da instituição e à sociedade de forma mais rápida.

Portanto, para lidar com os dilemas das diversas instâncias mencionadas, no que diz respeito à gestão propriamente, e dentro dos parâmetros que equacionam uma organização moderna do trabalho, a universidade pública, que já tem a vantagem do poder descentralizado, poderia se orientar mais para o desenvolvimento de meios que permitam a produção de consensos múltiplos e duradouros. Poderia se apoiar em propostas bem explicitadas e transparentes, de longo alcance temporal, a fim de promover mudanças e elevar continuamente seu padrão de qualidade, sobretudo para preservar e melhorar seu caráter de universidade de massa, voltada para o desenvolvimento da sociedade de forma integral.

Na perspectiva da gestão universitária, é preciso considerar o tempo das realizações – o menor tempo possível para o benefício do maior número de indivíduos. Mais que tudo, o gestor responde por mudanças que tenderão a incrementar a função social da instituição e o usufruto das vantagens que ela propicia para a sociedade.

## Referências bibliográficas


DOMINGUES, J. M. *Interpretando a modernidade:* imaginário e instituições. Rio de Janeiro: Editora FGV, 2002.

DOUGLAS, M. *How institutions think*. London: Routledge & Kegan Paul, 1987.

FARINA, M. M. Q.; AZEVEDO, P. F.; SAES, M. S. M. *Competitividade*: mercado, Estado e organizações. São Paulo: Singular, 1997.

GIDDENS, A. *As consequências da modernidade*. São Paulo: Editora Unesp,1991.

LANIADO, R. N. Troca e reciprocidade no campo da cultura política. *Estado e Sociedade*, v.XVI, n.1-2, UNB, 2001.

______.; BAIARDI, A. Padrões culturais e desempenho empresarial numa economia em mudança: o caso da região metropolitana de Salvador. *Organizações & Sociedade*, v.5, n.11, 1998.

LUHMANN, N. Familiarity, Confidence, Trust: Problems and Alternatives. In: GAMBETTA, D. (Ed.). *Trust*: Making and Breaking Cooperative Relations. New York: Basil Blackwell, 1988.

NORTH, D. C. Institutions. *Journal of Economic Perspectives*, v.5, n.1, 1991.

______. Economic Performance Through Time. Washington University, St. Louis. Prize Lecture in Economic Science in memory of Alfred Nobel. Dez. 1993.

PUTMAN, R. *Making Democracy Work*. Princeton: Princeton University Press, 1994.

SAMPAIO, R. M.; LANIADO, R. N. Uma experiência de mudança da gestão universitária: o percurso ambivalente entre proposições e realizações. *Revista de Administração Pública*, 43(1), 2009.

# 3
# Mudança organizacional e o desafio do impacto social

*Thomaz Wood Jr.*

Este texto foi preparado a partir de palestra realizada na Escola Unesp de Liderança e Gestão, em 2013. A palestra, e agora o texto, têm como ambição estimular a reflexão sobre o tema da mudança organizacional, como uma perspectiva útil para ajudar a pensar futuros caminhos para instituições de ensino e pesquisa que almejam aumentar seu impacto social.

Mudança organizacional é um tema clássico no campo dos Estudos Organizacionais, foco há décadas de centenas de artigos acadêmicos e livros científicos. Mudança organizacional é também um assunto obrigatório na agenda de gestores que atuam em empresas, em organizações governamentais e em organizações sociais.

Para os construtores de teorias, o que move o interesse pelo tema é o desejo de compreender os complexos processos de transformação pelos quais as organizações frequentemente passam: as fusões, aquisições, reestruturações, mudanças estratégicas etc. Para gestores, a atração pelo assunto vem da necessidade de conduzir processos de mudança de forma a maximizar os resultados e minimizar os conflitos e efeitos colaterais negativos.

De modo curioso, décadas de contribuição teórica parecem ainda não ter conseguido gerar tecnologia gerencial suficiente, ou disseminada o bastante, para garantir o sucesso e minimizar os traumas causados por mudanças. Para muitos profissionais, que passaram por processos de transformação em empresas e em outras organizações, a ideia de mudança ainda é associada a impactos negativos, frustrações e injustiças.

Parte disso ocorre porque o tema é de fato complexo e sua condução exige doses equilibradas de ciência e arte. No entanto, não há como negar que parte considerável do corpo teórico existente não chega aos gestores. De fato, muitos gestores preferem acessar modelos e receitas simplistas, muitas vezes disseminados por empresas de consultoria e autores de livros populares de gestão. Tal conhecimento provê explicações simples para fenômenos complexos, fomentando a ilusão de que existem soluções "milagrosas".

Resta, portanto, o desafio de assimilar e incorporar conceitos, modelos e perspectivas consistentes, de maneira a ser capaz de interpretar de forma ampla os contextos de mudança, de ler o ambiente externo e interno, de conduzir processos que levem à definição de caminhos e ações, e de conduzir as trilhas de mudança.

Para as empresas, dominar tal *know-how* pode ajudar a expandir os negócios, atender melhor os clientes, recompensar melhor seus funcionários e gerar mais valor para seus acionistas. Para organizações que não visam lucro, por outro lado, o domínio dessas habilidades pode auxiliar a prestar mais e melhores serviços para a comunidade, racionalizar o uso de recursos e aumentar seu impacto positivo sobre a sociedade.

O restante do texto está dividido em seis partes, além desta introdução. A primeira parte apresenta as raízes históricas do conceito de mudança organizacional, identificando autores e trabalhos seminais do campo de Estudos Organizacionais. A segunda parte apresenta o conceito de mudança organizacional. A terceira associa o conceito visto à ideia motriz de geração de valor e à ideia motriz de impacto social. A quarta parte trata do planejamento da mudança, a qual envolve o diagnóstico da situação atual, a criação coletiva da visão de futuro e o planejamento de trilhas de ações para viabilizar a mudança. A quinta parte trata da questão da gestão da mudança:

o desafio que os agentes enfrentam diante da oportunidade ou da necessidade de alterar o "estado das coisas". A sexta identifica alguns desafios e armadilhas relacionados à implementação de mudanças.

## Raízes históricas

Os fundamentos do conceito de mudança organizacional remontam a trabalhos desenvolvidos por Kurt Zadek Lewin (1890-1947) na primeira metade do século XX. Lewin foi um dos fundadores da Psicologia Social e um pioneiro dos estudos das dinâmicas de grupo e do desenvolvimento organizacional. Foi ele que definiu conceitos e termos até hoje utilizados por consultores de gestão e psicólogos organizacionais – tais como a análise de forças para a mudança, a resistência à mudança e um popular modelo de mudança – em três fases: "congela, descongela (e muda) e congela novamente".

Outro nome importante para o campo foi Elliot Jacques (1917-2003). Jacques trabalhou com Mellanie Klein e foi um dos fundadores do renomado Instituto Tavistock, da Inglaterra, o berço dos chamados estudos sociotécnicos do trabalho. Em 1951, publicou o livro *The Changing Culture of a Factory: A Study of Authority and Participation in an Industrial Setting* [A mudança da cultura de uma fábrica: um estudo sobre autoridade e participação em um ambiente industrial], obra que influenciou inúmeros pesquisadores nas décadas seguintes.

Os anos 1960 e 1970 ficaram marcados pelos trabalhos do Grupo de Aston, sediado na universidade inglesa do mesmo nome. Seus pesquisadores foram pioneiros na abordagem multidisciplinar para o estudo das organizações, unindo economistas, psicólogos e cientistas políticos. Seus trabalhos exploraram em detalhes as relações entre ambiente, porte, tecnologia e estrutura. De modo sintomático, até o início da década de 1990, quando se falava de mudanças na empresa, quase sempre se falava de mudança na estrutura, isto é, no redesenho de organogramas, na criação ou supressão de áreas e na revisão de descrições de cargo.

As décadas de 1980 e 1990 marcaram a superação dessa perspectiva e a ascensão dos estudos sobre cultura organizacional. Destacaram-se nesse período as pesquisas conduzidas por Geert Hofstede (1928-) e Edgar H. Schein (1928-). O primeiro, europeu, se notabilizou por um estudo que tomou por base funcionários da IBM em todo o mundo, revelando diferenças culturais acentuadas entre grupos de países. O segundo ajudou a popularizar o conceito de cultura organizacional nos Estados Unidos, cunhando a noção de que a cultura organizacional apresenta níveis, dos mais superficiais (artefatos e comportamentos visíveis) aos mais profundos (os pressupostos implícitos que norteiam as atitudes e as noções de certo e errado). O tema se tornou tão popular que originou a demanda por "intervenções culturais", processos que supostamente garantiriam às empresas trocar a "cultura errada" pela "cultura certa" em pouco tempo. Naturalmente, não se pode culpar os autores por essa apropriação indevida dos conceitos.

Os anos 1990 e 2000 foram marcados pela emergência dos estudos sobre estratégia (e mudança estratégica) e dos estudos sobre o poder nas organizações. Um nome de destaque no primeiro grupo foi Henry Mintzberg (1939-), que produziu livros e artigos de fôlego, mapeando e registrando a imensa diversidade do tema. No segundo grupo, um nome de destaque foi Jefrey Pffefer (1946-), que popularizou a visão das organizações como sistemas políticos, alguns deles degenerados, nos quais o poder flui para os mais hábeis.

Nesse mesmo período, autores norte-americanos, tais como Ralph Kilmann (originalmente professor da Universidade de Pittsburgh), Rosabeth Moss Kanter e John Kotter (ambos professores da Harvard Business School), publicaram livros e artigos que ajudaram a disseminar o tema da mudança organizacional e o subtema da gestão da mudança.

Também nesse período, o tema mudança organizacional ganhou notável popularidade nas empresas, a partir de artigos na mídia de negócios e em livros de gestão voltados para o público executivo, de palestras de executivos e "gurus", e da realização de projetos por empresas de consultoria. Essa vertente popular mantinha relação apenas tênue com as raízes acadêmicas do tema. Parte do conhecimento vinha da academia, porém era reinterpretado e simplificado. Outra parte considerável originou-se do registro de casos de sucesso, realizado por executivos e jornalistas, gerando conteúdos de grande apelo, porém com baixo rigor científico.

No conjunto, as perspectivas trabalhadas pelos autores acadêmicos durante o século XX oferecem ainda hoje as bases para se pensar a mudança organizacional como um processo multidimensional e complexo. E não devem ser confundidas com produtos da vertente popular mencionada.

## Definindo mudança organizacional

Organizações mudam todo o tempo. Elas costumam seguir um ciclo de vida: nascem, crescem, amadurecem e, com frequência, experimentam o declínio e desaparecem. Mudar, portanto, é natural. Apenas organizações de grande sucesso duram mais do que algumas décadas e são raras as que comemoram o centenário.

As mudanças ocorrem devido à interação permanente entre a organização e seu ambiente. O ambiente sempre gera pressões para mudanças, tais como: alterações na regulação, entrada de novos concorrentes, surgimento de novas tecnologias, alterações nas expectativas dos consumidores e pressões das comunidades e de movimentos sociais.

Internamente, as organizações também sofrem pressões para mudar. Tais pressões têm origem nos planos dos acionistas ou controladores, nas ambições dos quadros gerenciais e nos desejos dos funcionários.

Da interação permanente entre tais forças, as quais nem sempre são convergentes, têm origem as mudanças. Algumas delas são incrementais e quase imperceptíveis. No entanto, a soma de tais micromudanças ao longo do tempo pode modificar consideravelmente uma organização. Outras mudanças são drásticas e de grande vulto, gerando transformações substantivas em curto período de tempo.

Existem múltiplas formas de ver e analisar processos de mudança organizacional e diversas definições possíveis. Adotaremos neste texto uma definição prática e pragmática, focada, portanto, na mudança organizacional como um processo a ser conduzido em uma determinada organização.

Definimos, assim, mudança organizacional como a realização de um esforço coletivo, voluntário e estruturado, destinado a superar desafios ou aproveitar oportunidades. A partir dessa definição, pode-se concluir que conduzir um processo de mudança organizacional significa alterar o "estado das coisas" e, por isso, exige um grande esforço voltado para a criação de uma visão comum sobre o que deve ser feito, como deve ser feito e aonde se quer chegar. Para isso, é preciso criar convergência entre os diversos agentes da organização: executivos, gestores, grupos de interesse e, comumente, sindicatos.

## Buscando a geração de impacto social

Considerando a definição apresentada, um aspecto relevante do processo de mudança organizacional é o estabelecimento de uma perspectiva compartilhada sobre o papel da organização. Para isso, é conveniente adotar um modelo conceitual. Muitas empresas privadas, a partir dos anos 1990, passaram a substituir o modelo de geração de valor ao acionista, o qual determinava que a finalidade fundamental da empresa é gerar lucro, por um modelo mais aberto e plural. Tal modelo mantém o objetivo de geração de valor para o acionista, porém acrescenta três outros focos para a geração de valor: os clientes, os funcionários e a comunidade em geral. A Figura 1 representa tal modelo.

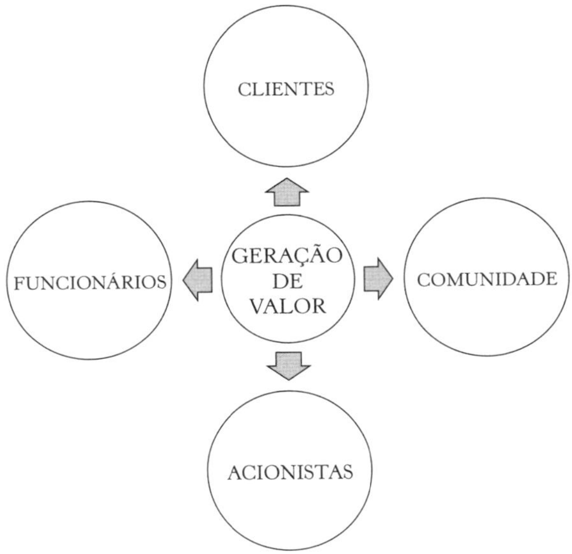


Figura 1. Modelo de geração de valor para empresas

Tal modelo retrata uma nova visão sobre o papel da empresa e estabelece para a alta gestão um desafio substantivo, de atender de forma equilibrada os quatro grupos de interesse: acionistas, clientes, funcionários e comunidade. Uma empresa que foca apenas nos acionistas pode fazê-los felizes por algum tempo. Porém, ao se descuidar dos outros agentes, pode perder a confiança dos clientes e da comunidade, e afastar bons funcionários, colocando em risco seu próprio futuro. Por outro lado, uma empresa que foca apenas em seus funcionários, provendo condições excepcionais de trabalho e salários acima do mercado, pode, com o tempo, perder capacidade de investimento e tornar-se pouco competitiva, pondo também em risco seu próprio futuro.

Tal modelo é consistente, porém não se ajusta à realidade de todo tipo de organização. Para instituições de ensino e pesquisa, por exemplo, o modelo deve ser adaptado, de maneira a refletir mais precisamente a realidade desse tipo de organização.

De fato, o termo geração de valor, no centro do modelo, pode ser visto com reservas, quando aplicado a instituições de ensino e pesquisa. Nesse caso, um termo mais adequado é geração de impacto social. Esse termo tem sido utilizado frequentemente em estudos, relatórios e artigos relacionados a reflexões sobre o papel das instituições de ensino e pesquisa em nossa sociedade. Gerar impacto social significa produzir um benefício tangível aos grupos de interesse. Assim, se tomarmos o modelo exposto na Figura 1 e o revisarmos, colocando como foco central a geração de impacto social, teremos como produto a Figura 2.

Figura 2. Modelo de geração de impacto social para instituições de ensino e pesquisa

Como o modelo anterior, esse modelo retrata uma visão sobre o papel de uma instituição de ensino e pesquisa, a qual deve nortear processos de mudança organizacional. A adoção do modelo significa que a instituição de ensino e pesquisa deve gerar impacto social sobre:

- A ciência. Portanto, deve realizar pesquisa de ponta e disseminá-la por meio da publicação nos principais periódicos científicos. Entretanto, publicar trabalhos científicos não deve ser visto como um fim em si mesmo. É preciso orientar a pesquisa para temas de interesse da ciência e da sociedade, realizar pesquisas que resultem em avanços reais do conhecimento e trabalhar para que as pesquisas feitas sejam utilizadas por outros pesquisadores.
- Alunos e ex-alunos. Portanto, deve oferecer cursos de alta qualidade, em carreiras que sejam demandadas pelo mercado de trabalho, hoje e no futuro. Deve ainda acompanhar ex-alunos, avaliando sua evolução profissional e salarial, de forma a realizar ajustes nos cursos para facilitar o atendimento desses objetivos.
- Setores econômicos. Portanto, deve realizar e disseminar pesquisas aplicadas que gerem benefícios para cadeias produtivas, contribuindo para melhorar seu desempenho e gerar riqueza que possa se converter em benefício social.
- Organizações. Portanto, deve realizar e disseminar pesquisas aplicadas que gerem benefícios para organizações, por meio, por exemplo, do desenvolvimento de novas tecnologias, novos processos e novos modelos de negócios.
- Políticas públicas. Portanto, deve realizar e disseminar pesquisas aplicadas que contribuam para a avaliação de questões sociais e para o aperfeiçoamento das políticas públicas.
- A comunidade e a sociedade em geral. Portanto, deve avaliar seu impacto direto sobre a comunidade na qual está presente e sobre a sociedade em geral, buscando regular sua ação de forma a gerar benefícios tangíveis.

## Planejando a mudança organizacional

Uma vez adotado o modelo de geração de valor (para as empresas) ou o modelo de geração de impacto social (para as instituições de ensino e pesquisa), o passo seguinte é planejar o processo de mudança. A Figura 3 apresenta um modelo esquemático e simplificado para o planejamento do processo de mudança.

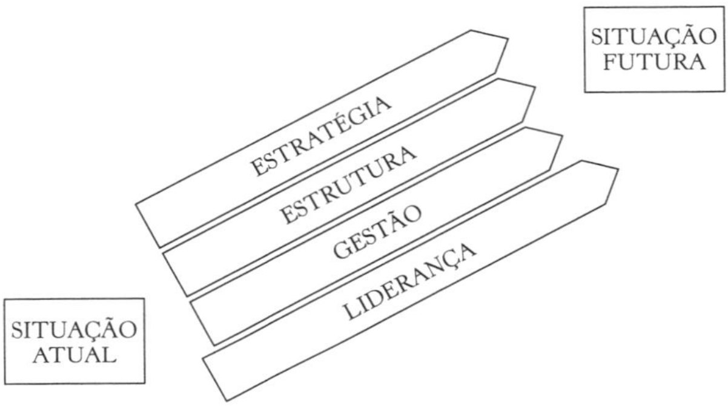


Figura 3. Planejamento da mudança organizacional

O primeiro passo para a realização de um processo planejado de mudança organizacional é realizar o diagnóstico da situação atual. Isso significa, no caso de uma instituição de ensino e pesquisa, que para cada uma das seis dimensões de impacto social mostradas na Figura 2 deve ser criado um retrato da situação corrente, identificando-se os pontos fortes e fracos da organização.

O segundo passo é definir a situação futura, isto é, estabelecer coletivamente aonde se quer chegar, ao prazo de três ou cinco anos, em cada uma das seis dimensões de impacto social da Figura 2.

O terceiro passo é estabelecer as trilhas de mudança. A Figura 3 apresenta quatro trilhas, que correspondem mais ou menos às grandes dimensões de uma organização: estratégia, estrutura, gestão e liderança. Há destaque maior para a trilha da liderança, já que os líderes da organização são os principais agentes da mudança. Naturalmente, tais trilhas podem variar caso a caso, organização a organização.

No planejamento, cada trilha é composta por uma série de projetos e iniciativas visando superar os desafios apontados no diagnóstico da situação atual (primeiro passo) e levar a organização para a situação futura (segundo passo).

O Quadro 1, a seguir, tem a finalidade de ilustrar o modelo apresentado na figura 3, por meio da narrativa da história fictícia de uma universidade pública de pequeno porte, com unidades localizadas em cidades do interior do país.

Quadro 1. Caso ilustrativo de mudança organizacional

A Universidade Federal Três Cidades (UF3C) foi criada há quarenta anos a partir da união de faculdades existentes em cidades próximas no interior de um estado do Nordeste. Recursos financeiros abundantes, disponíveis nos primeiros anos de existência, permitiram atrair pesquisadores renomados e criar núcleos de excelência em pesquisa.

Nos últimos anos, entretanto, restrições orçamentárias geraram uma crise na UF3C e alguns pesquisadores deixaram a instituição. Em paralelo, um grupo de professores passou a criticar o papel da instituição, voltada à pesquisa de ponta, porém alheia às necessidades da região na qual estava instalada. Além disso, também criticavam a atenção insuficiente dada aos cursos de graduação e o distanciamento entre tais cursos e a realidade econômica do estado.

Sensível aos problemas, um novo reitor criou um grupo de trabalho, com representantes de várias faculdades, para realizar um diagnóstico e propor mudanças. O grupo identificou as principais lacunas da UF3C e criou um macroplano de mudança, baseado em quatro trilhas de trabalho:

1. Na trilha da estratégia, foi proposta a descontinuidade de dois cursos de graduação, que atraíam poucos alunos e cujos conteúdos pareciam afastados da realidade local, e a criação de um curso de graduação e dois cursos de especialização, totalmente voltados para as demandas relacionadas à economia regional.
2. Na trilha de estrutura, foi proposta a extinção dos departamentos de ensino e pesquisa, que eram demasiadamente autocentrados e reagiam de forma conservadora a qualquer iniciativa de mudança. Paralelamente, foi proposto dar maior grau de autonomia e prover maior responsabilidade por resultados para os coordenadores de programas.
3. Na trilha de gestão, foram propostas iniciativas e projetos voltados para a melhoria de processos internos, relacionados à disseminação da pesquisa em publicações e eventos.
4. Na trilha de liderança, foi proposta uma reforma do modelo de governança, de forma a incluir representantes de associações comerciais e industriais, e de organizações sociais, em comitês internos. Buscava-se, com isso, aproximar a universidade da comunidade local.

## A gestão da mudança

Após o planejamento (ou definição de para onde se vai e como chegar lá), o desafio seguinte é fazer que as ações previstas aconteçam. Nessa fase, deve-se considerar que diferentes organizações, dependendo de suas características estruturais e culturais, podem demandar distintas formas de condução do processo de mudança.

Em organizações mais hierarquizadas, com estruturas rígidas, papéis bem definidos e processos decisórios centralizados no topo, pode-se adotar a chamada "mudança dirigida", na qual a alta gestão define claramente os objetivos e ações, comunica aos diferentes níveis de liderados e controla a execução.

Por outro lado, em organizações menos hierarquizadas, tais como as instituições de ensino e pesquisa, nas quais os agentes têm grande liberdade de ação, o processo de mudança deve ser continuamente construído. Após a comunicação dos objetivos e dos caminhos de ações pretendidos pela alta gestão, tem início um processo que envolve partilhar conhecimentos sobre a mudança, interpretar as diretrizes e planejar ações, construir o comprometimento com o processo de mudança e realizar a implementação, frequentemente marcada por uma mescla entre planejamento e improvisação.

Uma compilação da literatura existente sobre o tema revela que a gestão bem-sucedida da mudança demanda seis fatores de sucesso, listados a seguir. É oportuno mencionar que não se trata de uma "fórmula para o sucesso", mas de uma lista de componentes importantes, que precisam ser tratados e garantidos, para aumentar a chance de sucesso em processos de mudança organizacional.

- O primeiro fator é a existência de uma razão crível, relevante e partilhada para a mudança. É muito difícil mobilizar organizações quando seus quadros não percebem por que devem mudar o estado das coisas.
- O segundo fator é a visão de futuro. É necessário construir, coletivamente, uma visão de aonde se quer chegar. Quando a visão é clara e consensual, os agentes se mobilizam para mudar.

- O terceiro fator é a construção do comprometimento para a mudança. Não basta estar de acordo, é necessário que uma massa crítica de pessoas participe ativamente da mudança, para que ela de fato ocorra.
- O quarto fator é saber lidar com a resistência à mudança. Naturalmente, certo nível de resistência à mudança é natural e até certo ponto saudável. A resistência evita consensos tolos e perigosos e oferece o teste da realidade. No entanto, além do nível aceitável, a resistência pode bloquear a mudança. Nesse caso, se as ferramentas usuais de comunicação e negociação não forem suficientes, a opção de exclusão deve ser considerada.
- O quinto fator é o acesso a meios para a mudança, sejam recursos materiais ou humanos. Sem meios, é muito difícil avançar com as mudanças.
- O sexto fator é a flexibilidade. Processos de mudança organizacional não costumam ocorrer exatamente como foram planejados. Ter um bom plano de ação é essencial, porém é também preciso saber alterar rotas à medida que se avança no caminho.

## Desafios e armadilhas da mudança organizacional

É atribuída a Maquiavel a frase segundo a qual "nada é mais difícil de ter em mãos, mais perigoso de conduzir ou mais incerto em seu sucesso do que tomar a liderança na introdução de uma nova ordem das coisas".

Muitas organizações, diante da oportunidade ou da necessidade de realizar mudanças, mostram-se incapazes de entender o contexto de forma ampla e de conseguir definir a direção e os focos de ação. Outras falham por não adotar uma perspectiva integrada para a mudança. Elas adotam perspectivas reducionistas e buscam soluções simples para problemas complexos. Outro erro comum é minimizar a questão do poder, que é dimensão essencial da vida organizacional.

Por último, outro erro comum é minimizar as lacunas de gestão. Hoje, muitas organizações de grande porte e alta complexidade são administradas por profissionais sem formação ou experiência em gestão. Tais profissionais têm conhecimento específico em seu campo, porém não foram treinados ou capacitados para gerenciar grandes estruturas. Essa situação é comum em instituições de ensino e pesquisa. Portanto, é preciso capacitar as pessoas em cargos de gestão, para que sua atuação esteja à altura de sua capacidade intelectual, das organizações que dirigem e das expectativas de professores, de alunos e da sociedade.

## Referências bibliográficas

KILMANN, R. *Beyond the Quick Fix:* A Completely Integrated Program for Organizational Success. San Francisco: Jossey-Bass, 1989.

MINTZBERG, H. *Structure in Fives:* Designing Effective Organizations. River (NJ): Prentice Hall, 1992.

______.; AHLSTRAND, B.; LAMPEL, J. *Strategy Safari:* A Guided Tour Through The Wilds of Strategic Management. New York: Free Press, 2005.

MORGAN, G. *Images of Organization*. Thousand Oaks (CA): Sage, 2006.

PFEFFER, J. *Power:* Why Some People Have It and Others Don't. Harper Business, 2010.

SCHEIN, E. H. *Organizational Culture and Leadership*. San Francisco: Jossey-Bass, 2010.

WOOD JR., T. *Mudança organizacional*. São Paulo: Atlas, 2009.

# 4
# Impacto da liderança no desempenho organizacional

*Léo Fernando Castelhano Bruno*

## Valores pessoais

Muitos aspectos pessoais interagem na orientação das ações de um líder. Percepções, atitudes e motivações, personalidade, habilidades, conhecimentos, experiência, confiança e compromisso são algumas das variáveis importantes para a compreensão do comportamento dessas pessoas. Tais aspectos não são menos importantes para entender o comportamento das pessoas no local de trabalho, sejam elas líderes ou não. Contudo, este estudo apresentará os determinantes essenciais e subjacentes dos valores e comportamento dos líderes.

Segundo Spranger (1928), um pioneiro e influente escritor, valores são definidos como uma conjugação de gostos, pontos de vista, deveres, inclinações pessoais, julgamentos racionais e não racionais, preconceitos e padrões associativos que influenciam a percepção acerca do mundo. A importância de um sistema de valores, uma vez internalizado, em nível consciente ou inconsciente, se torna um guia normativo para orientar a ação de uma pessoa. Nesse sentido, o estudo dos valores dos líderes é extremamente importante para o estudo da liderança.

Uma série de estudos tem sido realizada na tentativa de descobrir os valores comungados por líderes e gerentes. A teoria mais influente baseia-se no pensamento de Spranger (1928), que define os vários tipos de orientação de valores, conforme apresentado na Tabela 1, e que foram alvos dos estudos desenvolvidos por Guth e Tagiuri (1965). Esses dois autores estudaram os valores expressados por 653 executivos americanos e, para tal, utilizaram um instrumento fechado, de modo a classificar os valores de maior incidência no grupo, detectando que a amostra, em termos medianos, apresentou uma predominância de valores orientados para os aspectos econômico, político e prático. Um aprofundamento de tais descobertas é encontrado em England (1967), por meio de uma outra pesquisa evolvendo 1072 gerentes americanos. Um estudo de acompanhamento dos resultados do mesmo autor, feito sete anos depois, mostrou que os valores comungados pelos gerentes não haviam mudado (Luck, 1974). A ideia de que os gerentes, tomados como grupo, tendem a enfatizar a importância dos fins econômico, político e prático é intuitivamente atraente; afinal, a teoria e a investigação do processo gerencial sugere que pessoas com esses valores seriam compatíveis com o grupo. Outros fatores importantes que impedem qualquer mudança no sistema de orientação de valores são: a) gestores são selecionados por outras pessoas orientadas por valores semelhantes, b) o trabalho de gestão reitera a orientação pragmática, e c) os valores estão axiomaticamente no cerne dos indivíduos e, por isso, tendem a ser estáveis ao longo do tempo.

Tabela 1. Cinco tipos de orientação de valores

| | |
|---|---|
| 1 | O ente *econômico* está primariamente orientado em direção àquilo que é útil. Ele está interessado em aspectos práticos do mundo dos negócios, nos processos manufatureiros, comercialização, distribuição, consumo de mercadorias, na utilização dos recursos econômicos e no acúmulo de bens tangíveis (ética protestante). Profundamente "prático", se adapta bem ao estereótipo do empresário. |
| 2 | O ente *teórico* está primariamente interessado na descoberta da verdade, na ordenação sistemática de seus conhecimentos. Na perseguição desse objetivo, ele normalmente tem uma abordagem "cognitiva", buscando identidades e diferenças com relação à beleza ou à utilidade dos objetos, de forma apenas a observar e raciocinar. Seus interesses são empíricos, críticos e racionais. |

*Continua*

Tabela 1. *Continuação*

| | |
|---|---|
| 3 | O ente *político* é orientado pelo poder, não necessariamente na política, mas em qualquer área em que ele trabalha. A maioria dos líderes tem uma alta orientação para o poder. A competição desempenha um importante papel em sua vida. Para algumas pessoas, esse é um valor superior, levando-as a procurar continuamente o poder pessoal, a influência e o reconhecimento. |
| 4 | O ente *estético* encontra seu principal interesse nos aspectos artísticos da vida, embora ele não precise de um artista criativo. Valoriza a forma e a harmonia e vê a experiência em termos de graça, simetria ou harmonia. Vive o aqui e o agora, com entusiasmo. |
| 5 | O ente *social* é essencialmente orientado para o bem-estar social. Seu valor intrínseco é o amor ao ser humano – as dimensões altruísta ou filantrópica do amor. Para o ente social, as pessoas são os fins, e ele tende, por isso, a ser amável, empático e altruísta. |

Fonte: Adaptado de Guth e Tagiuri (1965).

## Valores e líderes do amanhã

Valores afetam não somente a percepção dos fins adequados, mas também a percepção dos meios adequados a esses fins. Do conceito e desenvolvimento das estratégias organizacionais, das estruturas e dos processos ao uso de determinados estilos de liderança e avaliação do desempenho dos subordinados, os sistemas de valores são persuasivos. Fiedler (1967) desenvolveu uma teoria de liderança baseada no argumento de que não se pode esperar que os gestores adotem um estilo de liderança contrário a sua orientação de valores.

Uma influente teoria da liderança (Covey, 1990) baseia-se em quatro dimensões: pessoal, interpessoal, gerencial e organizacional. Não por acaso a dimensão pessoal é considerada a dimensão fundamental; ela engloba, incidentalmente, o perfil da orientação de valor do indivíduo.

Tannenbaum e Schmidt (1958) sugeriram que há pelo menos quatro forças internas que influenciam o estilo gerencial de um líder: sistema de valores, confiança nos subordinados, inclinações pessoais e segurança em situações incertas. Novamente, o sistema de valores desempenha um papel importante. Em suma, as pessoas decidem de acordo com o perfil de valores que esposam, ou seja, as decisões de uma pessoa são baseadas no sistema de valores que ela incorpora. Em outras palavras, valores e atitudes são importantes porque podem moldar o comportamento, que, em última instância, acaba por influenciar as demais pessoas.

## Valores e líderes de amanhã

Os funcionários serão os recursos essenciais das organizações do século XXI. Esses trabalhadores podem ser classificados em diversas gerações, cada uma com necessidades específicas de motivação. Kuzins (1999) sugere que os gestores e os dirigentes precisam entender as pessoas, independentemente de sua idade; eles precisam descobrir suas habilidades, pontos fortes e qualquer outra fonte de motivação delas. Dessa forma, os líderes precisam reconhecer que cada indivíduo é único e, como tal, eles têm de lidar com cada funcionário de maneira particular.

Por outro lado, há algumas considerações importantes com as quais os líderes de amanhã serão confrontados: a) o fenômeno do desemprego, em consequência do extraordinariamente rápido desenvolvimento da mecanização, da automatização e da centralização do aparelho econômico, decorrente da ideia de estabilização monetária, que, ao invés de absorver todas as unidades de energia humana, cria um número crescente de mãos e, pior ainda, cérebros ociosos; b) o fenômeno da investigação: quem pode dizer para onde nosso conhecimento combinado do átomo, dos hormônios, das células e das leis da hereditariedade nos levará?; e c) a necessidade de uma união verdadeira, isto é, a associação plena dos seres humanos ordenados organicamente, que nos levará à diferenciação em termos de sociedade, e que não deve ser confundida com aglomeração, que tende a enrijecer e neutralizar os elementos que compõem a sociedade.

Portanto, a influência responsável, a liderança centrada em objetivos coletivos, a coerência e a fecundidade são os quatro critérios que devem ser buscados no desenvolvimento de líderes de amanhã. Em suma, é necessário pôr em prática as ideias apresentadas por Nanus (1995) em seu livro *Visionary Leadership* [Liderança visionária], isto é, os líderes precisam definir as direções a ser seguidas e o foco de forma clara e visível, bem como as expectativas, as quais devem levar em consideração as necessidades de todas as partes interessadas. Com isso, deve ser assegurada a criação de estratégias, sistemas e métodos para alcançar a excelência, a inovação e a construção de conhecimentos e capacidades, incluindo o desenvolvimento de liderança.

Por fim, a democratização do conceito de liderança, ao mesmo tempo, como uma atividade essencialmente centrada nas pessoas e em suas necessidades, tal como proposto por Safty (2003), é uma necessidade a ser perseguida.

## Liderança

O objetivo deste tópico não é rever toda a literatura sobre liderança. Ao contrário, o objetivo será explicar o motivo da escolha e um método de liderança, explicitamente o modelo de Liderança Situacional desenvolvido por Paul Hersey e Kenneth H. Blanchard (1969). Para além da abordagem dos traços e atitudinal, o modelo tridimensional de eficácia da liderança de Hersey e Blanchard foi escolhido como o mais apropriado por ter sido concebido para medir três aspectos do comportamento dos líderes adequados a responder às questões pesquisadas no estudo. Esses três aspectos são: a) estilo; b) gama ou flexibilidade de estilos; e c) adaptabilidade de estilo ou eficácia da liderança.

O estilo de liderança de uma pessoa envolve uma combinação dos comportamentos nas tarefas e nos relacionamentos. Os dois tipos de comportamento, centrais para a ideia de estilo de liderança, são definidos da seguinte forma: a) comportamento nas tarefas (a medida em que líderes são suscetíveis a organizar e definir as funções dos membros de seu grupo); e b) comportamento nos relacionamentos (a medida em que líderes são suscetíveis a manter relações pessoais entre si e os membros de seu grupo). A eficácia dos líderes, por outro lado, depende da adequação entre seu estilo de liderança e a situação em que eles operam. A adequação vem da correspondência entre o estilo do líder e a maturidade para execução das tarefas ou entregas por parte dos colaboradores, ou a prontidão para o desempenho dessas tarefas. Tal prontidão, em Liderança Situacional, é definida como a medida em que um colaborador demonstra a capacidade (conhecimentos, experiência e habilidade) e disposição (confiança, comprometimento e motivação) para realizar uma tarefa específica (Hersey; Blanchard; Johnson, 2001).

A Figura 1, a seguir, resume o modelo em questão.

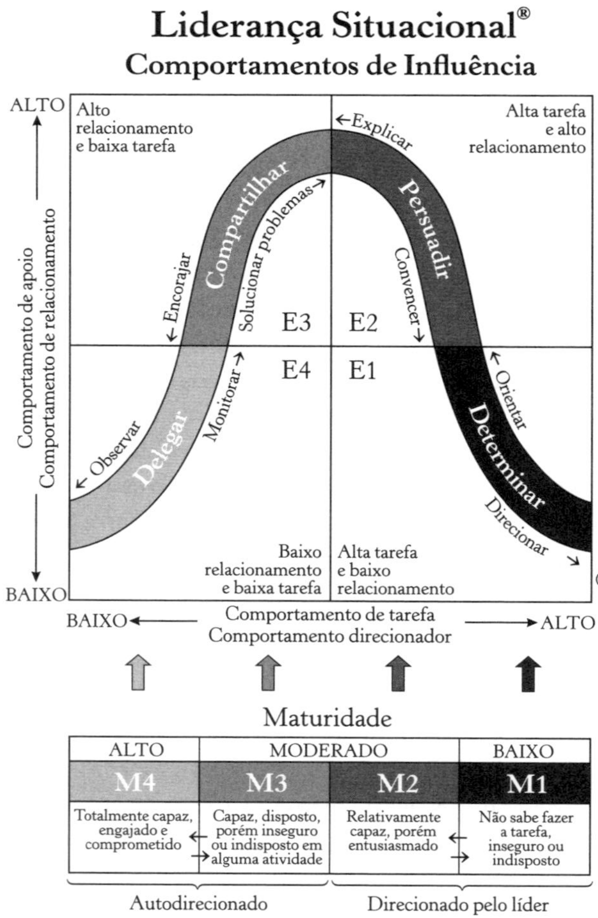


Figura 1. Modelo de Liderança Situacional
Fonte: Hersey; Blanchard (1969).

## Diferenciação organizacional

A fim de medir a diferenciação organizacional, foi utilizado o Modelo de Diferenciação Organizacional (MDO), de acordo com Bruno (2006).

O MDO é uma abordagem holística baseada em duas variáveis – a variável interveniente chamada "comprometimentos", que tem a ver com a maneira como se perseguem resultados na organização, e a variável "resultados", que leva em conta os resultados finais econômicos e financeiros atingidos. A abordagem visa aumentar o valor de mercado da organização (se ela for privada) ou aumentar o *goodwill* (se for governamental, sem fins lucrativos ou ONG), através da interação das duas variáveis.

O modelo se baseia na avaliação de importantes dimensões, divididas em dois grupos:

- Comprometimentos: capital humano, capital de inovações, capital de processos, capital de relações, meio ambiente e sociedade;
- Resultados: margem operacional, margem líquida, giro do capital, lucros antes de juros, impostos, depreciação e amortização (EBITDA), e valor econômico agregado (EVA) ou valor agregado ao caixa (CVA).

O primeiro grupo de dimensões, "Comprometimentos", relaciona-se com os vetores do capital intelectual (intangível) da organização: pessoas, processos, inovação e parcerias; e com seu entorno: meio ambiente e sociedade. O "capital humano" não pertence à empresa: está na empresa e é a consequência direta da soma das habilidades e conhecimentos de seus funcionários. O "capital de processos" se refere aos processos internos e externos que existem dentro de uma organização; e entre ela e os outros atores, mais especificamente, o "capital de relações", que diz respeito aos clientes, fornecedores, subcontratados e outras partes importantes envolvidas. Como hoje a empresa global é uma realidade, torna-se difícil determinar as fronteiras de uma organização. O "capital de inovações", por sua vez, é uma consequência direta da cultura da empresa e de sua capacidade de criar novos conhecimentos a partir daquele existente. Essas últimas três fontes de capital constituem o que se denomina "capital estrutural", que pertence à empresa e pode ser comercializado – é o verdadeiro ambiente construído pela organização para gerenciar e gerar adequadamente seu conhecimento. Finalizando, "meio ambiente e sociedade" referem-se à forma como a organização lida com a proteção dos recursos naturais e com o desenvolvimento da sociedade.

Com o objetivo de criar um quadro abrangente e desafiante que contemple os comprometimentos, foi desenvolvido um conjunto de instrumentos fechados, que podem ser encontrados em Bruno (2006), envolvendo as seis dimensões já mencionadas, que nos leva a uma pontuação média para os comprometimentos (a média das médias por instrumento). A pontuação relativa referente a cada instrumento é levada em conta, ou seja, a pontuação real média por instrumento, dividida pela pontuação máxima possível na escala considerada. Os instrumentos criados foram: Qualidade de Vida no Trabalho, Aprendizagem Organizacional, Habilidades de Gestão, Gestão de Processos, Gestão da Inovação e Meio Ambiente/Relacionamentos. Os dois primeiros são aplicados a uma amostra dos funcionários da organização, ao passo que os outros quatro são aplicados a uma amostra dos gestores.

O segundo grupo de dimensões, "Resultados", relaciona-se com os resultados econômicos e financeiros da organização. Para analisar o desempenho da gestão operacional, selecionamos a "margem operacional". Para nos certificar de que o acionista será contemplado, optamos tanto pela "margem líquida" quanto pelo "giro do capital". No que se refere à capacidade de geração de caixa, o "EBITDA" (lucros antes de juros, impostos, depreciação e amortização) foi selecionado como indicador. Por último, para verificar a eficácia da gestão dos investimentos de capital, foram escolhidos os indicadores a seguir – mais especificamente, o "valor agregado ao caixa" (CVA) e/ou o "valor econômico agregado" (EVA).

Com o objetivo de criar um quadro abrangente e desafiante, os resultados atuais, acumulados nos últimos doze meses, são divididos pelos ideais no médio prazo e os valores relativos assim obtidos são levados em conta, calculando-se sua média aritmética simples. Resultados negativos recebem "0" de pontuação, bem como os indicadores de desempenho, definidos pelo modelo e não computados. No caso do CVA e do EVA, é necessário contemplar pelo menos um deles.

A vantagem do modelo é que ele leva ao cômputo do Índice de Diferenciação Organizacional (IDO), multiplicando-se as pontuações finais dos comprometimentos (C) e resultados (R). Além de verificar a saúde econômica e financeira da organização, o índice revela quanto a organização está investindo em bens intangíveis e ainda em suas relações com os aspectos ambientais e a sociedade. Esse índice varia de "0" a "1". O valor máximo significa que a organização (empresa imaginária) alcançou a perfeição, no que se refere à diferenciação organizacional. Observe-se que a fórmula para o cálculo do IDO é a expressão matemática de qualquer organização, ou seja, uma organização é o produto de seus resultados pela forma como os atinge; o membro à esquerda (IDO) tem a ver com trajetória e movimento (as medições são periódicas, por exemplo a cada ano), enquanto o membro à direita se refere à matéria e à energia humana e não humana.

A Figura 2 apresenta a estrutura conceitual do modelo.

As organizações diferenciadas têm uma pontuação alta no Índice de Diferenciação Organizacional e levam a novas fronteiras o valor que oferecem aos seus *stakeholders* (partes interessadas no negócio). Elas são as "vencedoras" em seus setores. No outro extremo estão as "iniciantes", empresas com índices de diferenciação que seguem o comportamento básico do setor. As outras possibilidades são as organizações "patrocinadas", isto é, aquelas com pontuações altas em comprometimentos e baixas em resultados, e as organizações "econômico-financeiras", que apresentam pontuações baixas em comprometimentos e altas em resultados.

A Figura 3 mostra a interpretação gráfica do modelo, onde as pontuações de seis organizações imaginárias (A a F) foram consideradas.

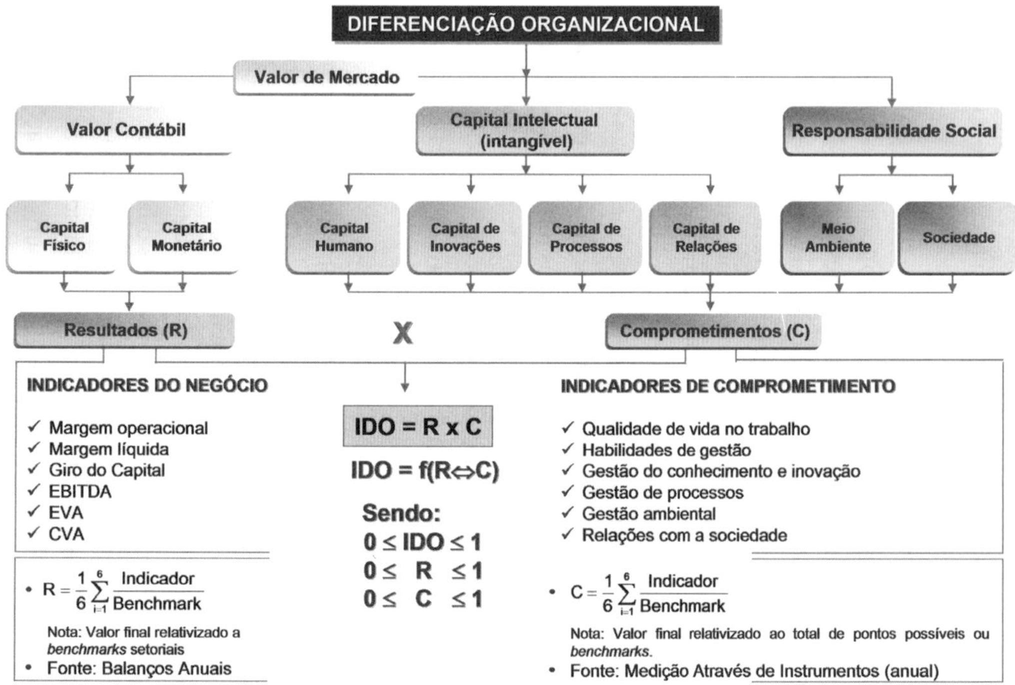


Figura 2. Estrutura Conceitual do Modelo

Fonte: Bruno (2006).

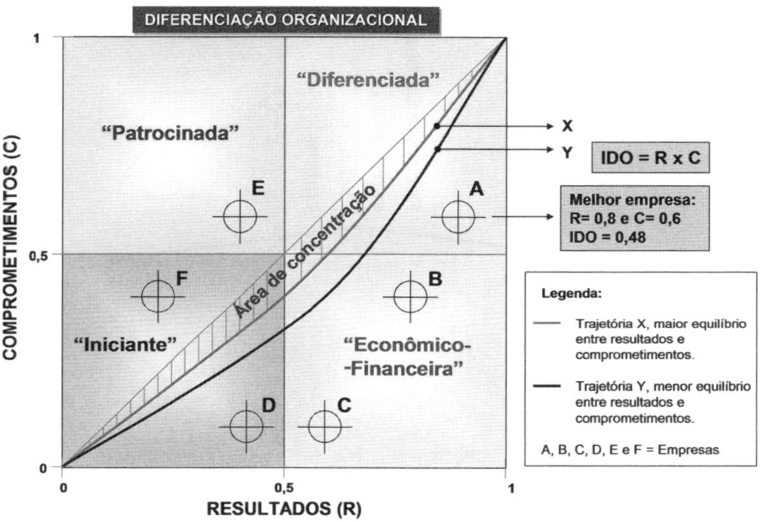


Figura 3. Interpretação Gráfica do Modelo
Fonte: Bruno (2006).

A interpretação gráfica do IDO pode ser a área ocupada multiplicando-se o segmento R por C da empresa considerada; logo, "A" é uma organização vencedora, com pontuações altas nas duas variáveis e, portanto, diferenciada, ocupando 48% da área possível. Note-se que uma organização como a "B", que segue uma trajetória abaixo da diagonal, privilegia sistematicamente apenas o *stockholder* (acionista) que é um dos *stakeholders*, levando a organização à prática de jogos de "ganha-perde", que no médio e longo prazos conduzirão a organização a jogos de "perde-perde", dificultando seu desenvolvimento harmonioso na busca da diferenciação. Outra vantagem na utilização desse modelo é que as pontuações nas dimensões específicas dos "Comprometimentos" e nos indicadores de desempenho econômico-financeiro dos "Resultados" podem revelar a existência de uma significativa margem para melhoria nas componentes das duas variáveis. A Figura 4, a seguir, indica a lacuna por dimensão considerada e conduz a um plano de ação para colocar a organização em trajetória de evolução ao longo do tempo.

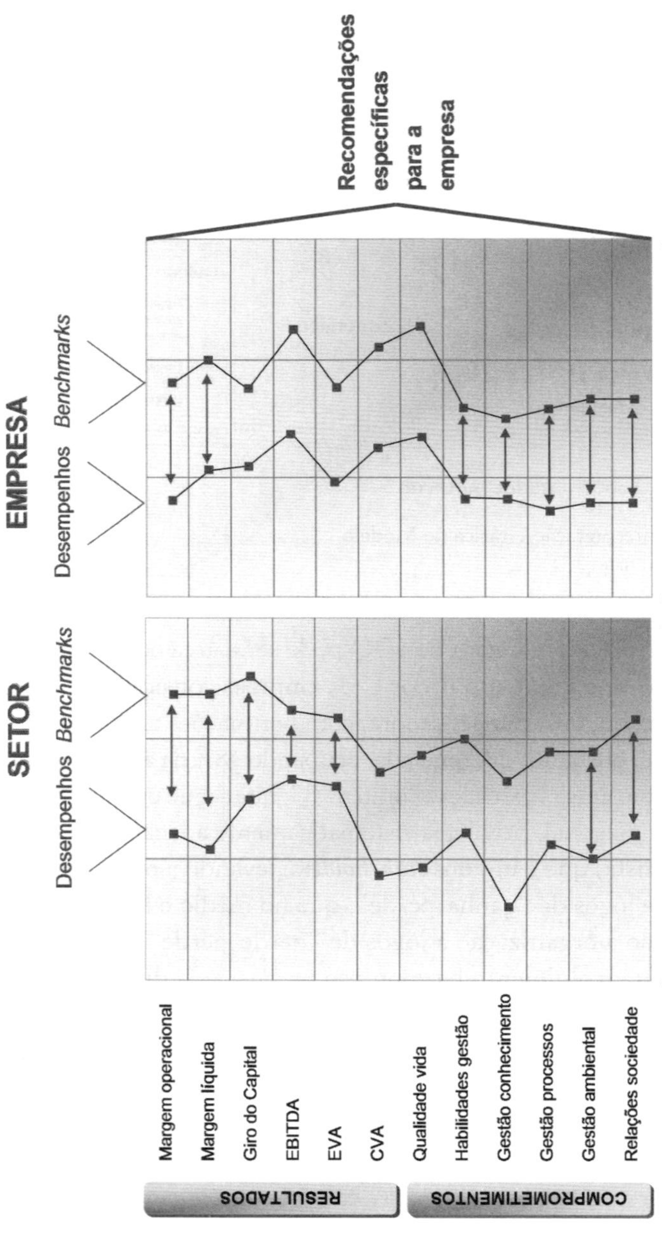


Figura 4. Lacunas (*gaps*) por Dimensão Considerada

Fonte: Bruno (2006).

Observa-se na Figura 4 que o projeto prioritário para a empresa em questão seria melhorar a qualidade de vida no trabalho.

## Perguntas de pesquisa

O estudo procurou responder às seguintes perguntas de pesquisa:

1. Qual é o perfil de valores pessoais dos executivos envolvidos na pesquisa?
2. Qual é o estilo predominante de liderança dos executivos envolvidos na pesquisa?
3. Qual é a eficácia da liderança desses executivos?
4. Existe uma relação entre o equilíbrio dos valores pessoais desses executivos e a eficácia de suas lideranças?
5. Existe uma relação entre o equilíbrio dos valores pessoais desses executivos e a diferenciação organizacional?
6. Existe uma relação entre a eficácia de suas lideranças e a diferenciação organizacional?

## Metodologia

### Amostragem

Foi selecionada aleatoriamente uma amostra de quatrocentos executivos, envolvendo 48 organizações que operam no Brasil e na América do Sul, englobando empresas de média e grande dimensões. A maioria dessas organizações pertence às seguintes áreas: eletroeletrônica, automobilística, saúde, papel e embalagens, componentes elétricos e mecânicos, transporte e logística, mídia virgem, telecomunicações, serviços, energia, informática, supermercados, têxtil, sapatos, gráficas, lojas de departamento, aparelhos domésticos, material de escritório, equipamentos de proteção e telefonia. A maioria dos executivos selecionados era formada por brasileiros (366) e alguns estrangeiros (34), sendo 142 mulheres e 258 homens, com idades variando entre 28 e 48 anos.

## Coleta dos dados

A fim de descobrir os valores pessoais, foi desenvolvido e aplicado um questionário medindo a importância relativa de cada valor, cobrindo as cinco orientações de valores, conforme apresentado na Tabela 1. Os dez itens validados para cada um dos cinco valores variaram de 0,30 a 0,81, e a confiabilidade dos resultados variou de 0,80 a 0,89. Todos os coeficientes foram significativos para o nível de significância de 0,01. Para medir o comportamento do líder, o Modelo de Liderança Situacional foi levado em consideração, assim como o instrumento LEAD (Eficácia da Liderança e Descrição da Adaptabilidade), desenvolvido pelo Centro de Estudos de Liderança (Hersey; Blanchard, 1965). Os três aspectos contemplados por esse modelo são: a) estilo, b) gama de estilo ou flexibilidade, e c) adaptabilidade do estilo ou eficácia de liderança. O LEAD autoavaliação foi aplicado pontuando quatro estilos contemplados no modelo e a adaptabilidade normativa (eficácia de liderança). De acordo com o Centro de Estudos de Liderança (Hersey; Blanchard, 1965), os doze itens validados para a pontuação de adaptabilidade variaram entre 0,11 e 0,52, e dez dos doze coeficientes (83%) obtiveram 0,25 ou pontuação superior. Onze coeficientes foram significativos para além dos 0,01 de significância e um foi significativo ao nível 0,05 de significância. A confiabilidade do LEAD foi moderadamente forte. Em duas administrações em um intervalo de seis semanas, 75% dos gerentes mantiveram seu estilo dominante e 71% mantiveram seu estilo alternativo. Os coeficientes de contingência foram ambos 0,71 e cada um deles foi significativo ao nível 0,01 de significância. A correlação da pontuação de adaptabilidade foi 0,69, o nível de significância, 0,01. Esse tipo de instrumento, por ter resposta certa, só precisa ser validado uma vez.

Para calcular o equilíbrio dos valores pessoais, o seguinte critério foi utilizado: definiu-se uma zona de equilíbrio, tomando-se a média da pontuação (12) como base, e um intervalo entre 11 e 13, incluindo-se os extremos, arbitrariamente escolhido para definir a zona de equilíbrio; por conseguinte, para cada respondente pode-se computar o EVP – Equilíbrio de Valores Pessoais, em percentagem, dividindo-se a quantidade de valores com pontuação dentro do intervalo arbitrado por 5 (total de valores pesquisados) e multiplicando-se por 100.

Para verificar se existe uma relação entre equilíbrio dos valores pessoais e a eficácia de liderança, o coeficiente de correlação linear foi calculado levando-se em consideração o conjunto de dados pareados, para cada um dos respondentes, envolvendo as variáveis anteriormente mencionadas.

Para analisar uma possível relação entre a média do equilíbrio de valores pessoais dos executivos, por organização, e a diferenciação organizacional calculada para cada empresa através de seu IDO – Índice de Diferenciação Organizacional, o coeficiente de correlação linear foi calculado levando-se em conta o conjunto de dados pareados das 48 empresas envolvendo as variáveis em questão.

O mesmo processo foi utilizado para verificar uma possível relação entre a média da eficácia de liderança dos executivos, por organização, e a diferenciação organizacional.

## Resultados e análises

Para responder à primeira questão de pesquisa, as pontuações médias dos respondentes foram calculadas levando em consideração cada uma das cinco orientações de valor consideradas no instrumento de medição, como mostrado na Tabela 2, a seguir.

Tabela 2. Orientação de valor de uma amostra de 400 executivos

| **Valor** | *Pontuação (%)* |
|---|---|
| Teórico | 13,3 |
| Econômico | 13,2 |
| Social | 12,0 |
| Estético | 11,5 |
| Político | 10,0 |

Fonte: Dados da pesquisa.

A Tabela 2 aponta que a amostra de executivos obviamente valoriza mais os aspectos teórico e econômico do que os aspectos estético e político. Deve ser destacado que a pontuação resultante reflete a importância relativa de cada valor, isto é, o aumento de um valor acarreta a redução dos outros. Por outro lado, os resultados são em termos das médias do grupo. Executivos, individualmente, podem ter respondido diferente do resto do grupo. De qualquer maneira, a Tabela 2 apresenta uma falta de equilíbrio no que tange ao perfil de valores pessoais dos executivos envolvidos e, por conseguinte, em seu processo decisório eles darão mais importância aos valores predominantes. O equilíbrio de valores pessoais médio da amostra foi de 40%, ou seja, apenas dois dos cinco valores estão no intervalo central. *Dos 400 executivos pesquisados, apenas 82 (20%) apresentaram três ou mais valores no intervalo médio de pontuação, ou seja, entre 11 e 13, incluindo-se os extremos. Isso significa 60% ou mais de equilíbrio em seus valores pessoais, o que denota um perfil de líder.* Comparando-se esse resultado com um estudo anterior de mesma natureza (Luck, 1974), nota-se uma mudança envolvendo os valores político e social. Luck (1974) encontrou o valor político na segunda posição e o social, na última. Isso pode ser explicado pelo fato de que nas últimas décadas esse tipo de orientação de valor (político) é visto pelas pessoas como relativamente sujo, devido ao mau exemplo dado pela maioria dos políticos e, no topo disso, 72% da amostra pertence à geração X (Zemke et al., 2000), com idade variando entre 23 e 34 anos. Esse grupo tem demonstrado preocupação com a sobrevivência, tanto econômica quanto psicológica, e tem uma relação casual com poder e autoridade.

Para responder às duas questões sobre liderança, os dados foram divididos em dois grupos: gama ou flexibilidade de estilos e adaptabilidade do estilo de liderança ou eficácia da liderança.

A Tabela 3 apresenta o perfil dos executivos pesquisados considerando seus estilos de liderança.

Tabela 3. Perfil dos Estilos de Liderança de uma amostra de 400 executivos

| **Estilo** | *Frequência (%)* |
|---|---|
| E1 – Diretivo | 16,2 |
| E2 – Persuasivo | 48,2 |
| E3 – Participativo | 28,6 |
| E4 – Delegativo | 7,0 |

Fonte: Dados da pesquisa.

Como apresentado na Tabela 3, a amostra dos executivos apresenta predominantemente o estilo E2 – Persuasivo e, como estilo suporte, o E3 – Participativo. Assim, eles tendem a trabalhar melhor com pessoas que possuam níveis médios de prontidão ou maturidade.

Entretanto, eles têm dificuldades em lidar com problemas de disciplina ou com grupos que possuam baixos níveis de maturidade em suas tarefas ou de prontidão, bem como com pessoas que possuam alta maturidade em relação às tarefas a elas confiadas.

Os resultados da adaptabilidade de estilo ou eficácia de liderança são mostrados na Tabela 4. Eles foram agrupados em quartis cobrindo um intervalo de respostas que varia entre 0 e 36.

Tabela 4. Resumo da Eficácia de Liderança em uma amostra de 400 executivos

| **Intervalo de pontuação (escala de pontos entre 0 e 36)** | | | **Nível de eficácia de liderança** | **Frequência** | |
|---|---|---|---|---|---|
| | | | | **Absoluta** | **Relativa (%)** |
| 27 | até | 36 | Alta | 23 | 5,8 |
| 18 | até | 26 | Moderada | 370 | 92,4 |
| 9 | até | 17 | Baixa | 7 | 1,8 |
| 0 | até | 8 | Muito baixa | 0 | 0,0 |

$X^2 = 874,78 > X^2_{crit.} = 11,3$; df = 3; $p \leq 0,01$

Fonte: Dados da pesquisa.

Como mostrado na Tabela 4, a hipótese nula foi rejeitada, uma vez que o qui-quadrado calculado de 874,78 foi maior do que o valor tabelado (crítico) de 11,3, com três graus de liberdade e nível de significância (p) menor ou igual a 0,01.

Além disso, a amostra de executivos tem predominantemente um nível moderado de eficácia de liderança. *Apenas 23 (5,8%) respondentes apresentaram nível adequado de eficácia de liderança, ou seja, pontuaram no intervalo de 27 a 36.* Esse resultado era esperado, uma vez que, de acordo com estudos anteriores (Hersey, 2003), as pessoas, em seus locais de trabalho, tendem a apresentar um nível moderado de prontidão.

Para verificar se existe alguma relação entre o equilíbrio dos valores pessoais dos executivos e a eficácia de liderança, a pontuação do equilíbrio dos valores foi calculada para cada um dos respondentes. Em seguida, calculou-se o coeficiente de correlação linear, considerando o conjunto de dados pareados, incluindo todos os respondentes, sendo a pontuação do equilíbrio dos valores pessoais uma variável e a pontuação da eficácia de liderança, a outra. Dessa forma, o cálculo envolveu 400 pares. O resultado do coeficiente de correlação linear foi +0,89, o que sugere, de acordo com Schmidt (1975), um alto e positivo grau de relação entre as duas variáveis.

Finalmente, para verificar se há uma relação entre a média dos equilíbrios de valores pessoais dos executivos (EVP), por organização, e sua diferenciação organizacional, calculada através do IDO – Índice de Diferenciação Organizacional, bem como entre a média da eficácia de liderança (EL) dos executivos, por organização, e o IDO – Índice de Diferenciação Organizacional, as médias por empresa do equilíbrio dos valores pessoais e da eficácia de liderança dos executivos foram calculadas, e os coeficientes lineares, envolvendo os dados pareados por organização, de IDO e o EVP, assim como o IDO e a EL também foram calculados.

A Tabela 5, a seguir, apresenta os cálculos envolvendo as 48 organizações pesquisadas no estudo.

Tabela 5. Índice de Diferenciação Organizacional (IDO), resultados do Equilíbrio dos Valores Pessoais (EVP) e da Eficácia de Liderança (EL)

| Nº | SETOR | | C | R | IDO | EVP | EL |
|---|---|---|---|---|---|---|---|
| 1 | Saúde | O 01 | 0,45 | 0,08 | 0,04 | 0 | 15 |
| | | O 02 | 0,55 | 0,26 | 0,14 | 20 | 18 |
| | | O 03 | 0,65 | 0,24 | 0,16 | 20 | 19 |
| | | O 04 | 0,62 | 0,40 | 0,25 | 40 | 23 |
| 2 | Papel e Embalagem | O 05 | 0,63 | 0,45 | 0,28 | 80 | 27 |
| 3 | Peças Mecânicas | O 06 | 0,30 | 0,05 | 0,02 | 0 | 16 |
| 4 | Componentes Elétricos | O 07 | 0,45 | 0,65 | 0,29 | 40 | 20 |
| | | O 08 | 0,71 | 0,40 | 0,28 | 60 | 26 |
| 5 | Transporte/Logística | O 09 | 0,30 | 0,50 | 0,15 | 20 | 16 |
| | | O 10 | 0,56 | 0,66 | 0,37 | 60 | 23 |
| | | O 11 | 0,54 | 0,50 | 0,27 | 40 | 21 |
| 6 | Eletrônicos | O 12 | 0,35 | 0,25 | 0,09 | 0 | 15 |
| | | O 13 | 0,65 | 0,55 | 0,36 | 60 | 24 |
| | | O 14 | 0,60 | 0,65 | 0,39 | 40 | 25 |
| | | O 15 | 0,65 | 0,65 | 0,42 | 60 | 27 |
| 7 | Veículos | O 16 | 0,48 | 0,70 | 0,34 | 40 | 18 |
| 8 | Mídia Virgem | O 17 | 0,49 | 0,22 | 0,11 | 40 | 15 |
| 9 | Tecnologia da Informação | O 18 | 0,63 | 0,62 | 0,39 | 60 | 28 |
| | | O 19 | 0,60 | 0,69 | 0,41 | 60 | 29 |
| | | O 20 | 0,63 | 0,77 | 0,49 | 80 | 23 |
| | | O 21 | 0,62 | 0,37 | 0,23 | 60 | 15 |
| 10 | Serviços | O 22 | 0,62 | 0,58 | 0,36 | 60 | 24 |
| | | O 23 | 0,58 | 0,50 | 0,29 | 40 | 23 |
| | | O 24 | 0,58 | 0,76 | 0,44 | 60 | 27 |
| 11 | Distribuição Física | O 25 | 0,54 | 0,62 | 0,33 | 40 | 25 |
| 12 | Revendedores de Carros | O 26 | 0,59 | 0,37 | 0,22 | 40 | 19 |
| 13 | Escola de Idiomas | O 27 | 0,63 | 0,40 | 0,25 | 40 | 20 |
| 14 | Bancos | O 28 | 0,61 | 0,52 | 0,32 | 60 | 23 |
| | | O 29 | 0,64 | 0,71 | 0,45 | 60 | 26 |
| 11 | Supermercados | O 30 | 0,56 | 0,40 | 0,22 | 40 | 15 |
| | | O 31 | 0,79 | 0,57 | 0,45 | 60 | 25 |
| 12 | Telecomunicações | O 32 | 0,57 | 0,40 | 0,23 | 40 | 21 |
| | | O 33 | 0,57 | 0,54 | 0,31 | 40 | 23 |
| | | O 34 | 0,61 | 0,40 | 0,24 | 40 | 22 |

*Continua*

Tabela 5. Continuação

| Nº | SETOR | | C | R | IDO | EVP | EL |
|---|---|---|---|---|---|---|---|
| 13 | Vestimentas | O 35 | 0,64 | 0,56 | 0,36 | 40 | 24 |
| | | O 36 | 0,76 | 0,62 | 0,47 | 40 | 25 |
| 14 | Sapatos | O 37 | 0,73 | 0,40 | 0,29 | 60 | 23 |
| | | O 38 | 0,69 | 0,77 | 0,53 | 80 | 25 |
| 15 | Gráficas | O 39 | 0,63 | 0,40 | 0,25 | 40 | 23 |
| | | O 40 | 0,57 | 0,40 | 0,23 | 40 | 23 |
| 16 | Aparelhos Domésticos | O 41 | 0,65 | 0,45 | 0,29 | 40 | 18 |
| 17 | Lojas de Informática | O 42 | 0,58 | 0,59 | 0,34 | 40 | 24 |
| 18 | Material de Construção | O 43 | 0,54 | 0,50 | 0,27 | 20 | 19 |
| 19 | Rede de Hotéis | O 44 | 0,58 | 0,76 | 0,44 | 60 | 27 |
| 20 | Material de Escritório | O 45 | 0,71 | 0,80 | 0,57 | 80 | 28 |
| 21 | Equipamentos de Proteção | O 46 | 0,70 | 0,26 | 0,18 | 20 | 15 |
| 22 | Têxtil | O 47 | 0,57 | 0,40 | 0,23 | 20 | 17 |
| 23 | Loja de Departamento | O 48 | 0,66 | 0,23 | 0,15 | 40 | 19 |

Legenda: O = Organização, C = Comprometimentos, R = Resultados, IDO = Índice de Diferenciação Organizacional, EVP = Equilíbrio de Valores Pessoais e EL = Eficácia de Liderança.
Fonte: Dados da pesquisa.

Como mencionado, o coeficiente de correlação linear foi calculado levando em conta um conjunto de dados pareados envolvendo as 48 organizações, sendo o equilíbrio de valores pessoais uma variável e o índice de diferenciação organizacional, a outra. O resultado foi um coeficiente de correlação linear de +0,80, o que sugere, de acordo com Schmidt (1975), um alto grau de correlação positiva entre as duas variáveis consideradas. Além disso, esse resultado confirma os resultados de estudos anteriores (Sikula, 1971).

Por fim, o coeficiente de correlação linear foi calculado levando em conta um conjunto de dados pareados envolvendo as 48 organizações, sendo a eficácia de liderança uma variável e a outra, o índice de diferenciação organizacional. Novamente, o resultado do coeficiente de correlação linear foi +0,80, sugerindo um alto grau de relação positiva entre as duas variáveis, o que confirma os resultados de estudos anteriores (Bruno, 2005). *Note-se que apenas 6,25% (3) das organizações pesquisadas situaram-se na região de diferenciação plena (IDO ≥ 0,49).*

## Conclusões e recomendações

### Conclusões

Foram evidenciadas as seguintes conclusões a partir dos dados obtidos:

A pesquisa mostrou que os executivos da amostra apresentam um desequilíbrio em seus perfis de valores pessoais, e ainda pior é o fato de a orientação política, que tem em parte a ver com influência sobre as pessoas, ou seja, liderança, ter recebido a mais baixa pontuação média (10,0). Isso pode ser parcialmente explicado, como dito antes, pelo fato de que a maior parte da amostra (72%) pertence à Geração X (Zemke et al., 2000), a geração que tem uma relação casual com poder e autoridade, e que, por outro lado, o valor político está associado com a política, o que é considerado algo "sujo" para a maioria dos cidadãos. De toda forma, agora é o momento de encarar esse problema. Se queremos realmente ter líderes com os seguintes traços: influência responsável, foco nas pessoas, que mostrem coerência entre comportamentos e ações, e que sejam fecundos, isto é, tenham competência para liderar progressos com firmeza, precisamos trabalhar com afinco para desenvolver o conhecimento necessário para melhor entender e influenciar os valores pessoais dos líderes.

Os resultados de flexibilidade de estilo de liderança e da eficácia de liderança (adaptabilidade) nos levam a concluir que o grupo de executivos envolvidos na pesquisa precisa ser treinado em termos de habilidades de liderança, uma vez que eles precisam ter mais flexibilidade em seus estilos e ser capazes de usar o estilo correto para cada situação. Estudos anteriores (Hersey; Blanchard; Johnson, 2001) sugerem que, tendo esse novo perfil, o grupo de executivos seria capaz de gerar melhores resultados em suas organizações.

Considerando-se que este estudo mostrou uma relação alta e positiva entre o equilíbrio de valores pessoais e a eficácia de liderança, bem como entre o equilíbrio de valores pessoais e o desempenho organizacional, é fortemente recomendável que os esforços de desenvolvimento de lideranças levem em conta uma análise crítica do equilíbrio de valores pessoais, uma vez que todos os valores pessoais considerados neste estudo são importantes, de forma que todos precisam ser valorizados, e, como consequência, a sociedade terá líderes com visão de mundo mais abrangente, assegurando decisões mais apropriadas nas várias situações em que estejam envolvidos.

## Recomendações

### Gerais

As seguintes iniciativas devem ser tomadas para desenvolver líderes focados em estabelecer uma nova sociedade:

- Considerar questões como liderança nos esforços educacionais da sociedade, desde a infância, a fim de preparar as novas gerações para a prática da liderança primariamente focada nas pessoas e em suas necessidades profissionais e pessoais;
- Perceber que a hora da escolha é agora. Visando assegurar que dois terços da humanidade, com baixa qualidade de vida, recebam rápida e efetiva atenção dos líderes de hoje e de amanhã, é preciso que aceleremos o processo de democratização do conceito de liderança, isto é, precisamos tornar a liderança acessível às pessoas, de todas as disciplinas, idades e regiões;
- Estimular e dar suporte a organizações como a Organização das Nações Unidas, em particular a Unesco, e a todos os sistemas educacionais ao redor do mundo para multiplicar e potencializar o surgimento de projetos e decisões que levem ao desenvolvimento social da humanidade, assegurando a convergência do mundo dos negócios, das instituições políticas e da sociedade civil; entretanto, é preciso termos em mente que isso só será possível se todas as partes envolvidas compartilharem os mesmos valores básicos, assim como os propósitos subjacentes aos seus projetos e decisões (ações) – a verdadeira união (coração com coração) será uma necessidade.

**Específicas**

A amostra deste estudo foi pequena; portanto, extrapolações dos dados obtidos devem ser feitas com cautela.

Em estudos futuros de mesma natureza, uma abordagem envolvendo estilos de liderança, flexibilidade e eficácia de liderança é fortemente sugerida, bem como amostras maiores e conduzidas em outras culturas.

## Referências bibliográficas

BRUNO, L. F. C. Valores pessoais: estudo de caso. Publicação interna da Universidade Federal do Amazonas (UFAM), Manaus, 2000.

______. Personal Values and Leadership Effectiveness. Fundação Dom Cabral Internal Publication, 2005.

______. *Organizational Differentiation*: Leading Organizations into Adding Value to Society. Fundação Dom Cabral Internal Publication, 2006.

______. Levantamento do Índice de Diferenciação Organizacional Brascabos. Relatório de Pesquisa, Fundação Dom Cabral Internal Publication, 2006.

COVEY, S. R. *Principle Centered Leadership*. New York: Simon & Schuster, 1990.

FIEDLER, F. E. *A Theory of Leadership Effectiveness*. New York: McGraw-Hill Book Co., 1967.

GUTH, W. T.; TAGIURI, R. Personal Values and Corporate Strategies. *Harvard Business Review*, set./out. 1965, p.126.

HERSEY, P.; BLANCHARD, K. H. Life Cycle Theory of Leadership. *Training and Development Journal*, maio 1969.

______.; ______.; JOHNSON, D. E. *Management of Organizational Behavior*: Leading Human Resources. Prentice Hall, 2001.

______. (Org.). Survey on Leadership Flexibility, Adaptability and Power Source, Center for Leadership Studies, CA, internal publication, 2003.

JOIA, L. A. Measuring Intangible Corporate Assets: linking business strategy with intellectual capital. *Journal of Intellectual Capital*, Bradford, UK, v.1, n.1, p.68-84, 2000.

LUCK, E. J.; OLIVER, B. L. American Managers' Personal Value System – Revisited. *Academy of Management Journal*, set. 1974, p.549-54.

NANUS, B. *Visionary Leadership:* Creating a Compelling Sense of Direction for Your Organization. San Francisco, CA: Jossey-Bass Publishers, 1995.

SAFTY, A. et al. *Value Leadership*. University of Bahçesehir/Istanbul, 2003.

SCHMIDT, M. *Understanding and Using Statistics Basic Concepts*. Massachusetts, USA, D. C. Heath and Company, 1975.

SIKULA, A. F. Values, Values Systems, and Their Relationship to Organizational Effectiveness. Proceedings of the Thirty-First Annual Meeting of the Academy of Management, p.271-2, 1971.

SPRANGER, E. *Types of Men*. Halle: Germany: Max Niemeyer Verlag, 1928.

TANNENBAUN, R.; SCHMIDT, W. How to Choose a Leadership Pattern. *Harvard Business Review*, mar./abr. 1958, p.95-102.

ZAMKE, R.; FILIPCZAK. Generations at Work: Managing the Clash of Veterans, Boomers, Xers, and Nexters in Your Workplace. *American Management Association Publication*, p.30-31, 2000.

# 5
# A SHORT ESSAY ON EVALUATION IN THE UNIVERSITY

*Peter V. Scoles*

Universities have always had a vital role in the well-being of society. Governments, industries, and private citizens have invested heavily in higher education. The orderly function of society depends on the knowledge and skill of university graduates. Most countries rely on universities to judge the ability of graduates to teach, or to practice architecture, engineering, law, or medicine. Well-constructed evaluations in science and technology assure that the University is meeting its responsibility to society. Thoughtful evaluations of the process of inquiry and problem solving in the Liberal Arts colleges of a University help students develop the moral and ethical guidelines necessary to fully participate in society.

Human beings constantly make judgments based on the evaluation of evidence. Sometimes the judgments are about things like food or the weather. Sometimes the judgments are about the abilities of a person or a group of persons. Evaluation is the process of gathering and interpreting the information that will be used to make judgments. The nature of the necessary judgments shapes the process of evaluation. The University has the responsibility to provide a culture of formative and summative evaluation that helps students to learn, faculty to guide learning, and the University to support its claims to public accountability.

This brief essay discusses the rationale for evaluation in the University, and reviews some of the fundamental requirements of effective evaluation. It speaks to the variety of instruments used in the process of evaluation, the use of results, and the relationship between evaluation and statements about competency. Finally, it discusses the limits of evaluation.

## A short history of evaluation

The science of evaluation is about 4000 years old. In 1896 BC, a Chinese scholar first suggested that a small sample of behavior under controlled circumstances might be predictive of future behavior under uncontrolled circumstances. This subsequently became the basis for Chinese civil examinations. Merit based selection for government service in the Han dynasties preceded western practice by fifteen centuries.

The first record of a high stakes examination in western literature occurs in Judges 12:4-6 in the Old Testament:

> Jephthah then called together the men of Gilead and fought against Ephraim [...] The Gileadites captured the fords of the Jordan leading to Ephraim, and whenever a survivor of Ephraim said, "Let me cross over," the men of Gilead asked him, "Are you an Ephraimite?" If he replied, "No", they said, "All right, say 'Shibboleth.'" If he said, "Sibboleth," because he could not pronounce the word correctly, they seized him and killed him at the fords of the Jordan. Forty-two thousand Ephraimites were killed at that time.

There is no record of the sensitivity or specificity of this test, but clearly any man from Gilead with a speech disorder was at high risk for a false negative outcome.

The first European universities developed in France and Italy in the eleventh century as centers for training in Theology, Philosophy, Medicine, and Law. Emphasis was placed on the ability to form and defend an argument in writing and in debate. Disputation and rhetoric were important components of the curriculum, and evaluations of skill were based on the opinions of local university faculty.

The number of universities in Europe and in the New World expanded rapidly in the sixteenth century, in part as a result of the missionary efforts of the Society of Jesus. The first systematic rules for the operation of a University, the Ratio Institutio Atque Studiorum Societatis Iesu of 1599, were developed by the Jesuits in the mid sixteenth century to provide constancy and quality across a network of universities that extended from Asia and India through Europe and into South America. In addition to providing specific guidelines for curriculum development and faculty governance, this document contains specific rules for written examinations. Most are still relevant:

- [...] Absentees on the day assigned [...] receive no consideration in the examination unless their absence was owing to exceptional circumstance.
- All should come to class early [...] After silence has been enjoined, no one may speak to another.
- Seat mates must be careful not to copy from one another [...] If two compositions are found alike, both will be open to suspicion.
- All should know precisely how much time is allowed for writing, and how much for rewriting and advising.

Standardized tests were introduced in Britain in the mid nineteenth century. Until that time, University applications and positions in the British Indian Civil Service were largely limited to the British upper classes. The publication of the Northcote-Trevelyan Report in 1854 led to establishment of the Civil Service Commission in 1855, and the introduction of standardized examinations for merit based appointments in the Civil Service.

In the United States during the latter part of the nineteenth century, large scale immigration, population growth, and the growth of science and industry led to establishment of a national system of colleges and universities to train teachers, engineers, scientists, lawyers, and physicians. As in modern Brazil, the size of the country, the number of universities, and the large number of students led to wide variation in the knowledge and skills of graduates. Evaluation was primarily local; technical schools, colleges and universities were nominally responsible for setting and maintaining standards. In Medicine and Law, where there was a clear relationship between public welfare and professional knowledge, individual states established professional certification policies of varying quality. These often included satisfactory completion of a locally developed examination. In other areas, such as teaching, professional certification was, and continues to be, less rigorous.

The 1910 publication of the Flexner Report on Medical Education in the United States and Canada clearly demonstrated the highly variable quality of medical education in North America. Less than half of the existing medical school met minimum educational standards. This was in part a result of the failure of colleges and universities to develop and use reliable evaluation systems to judge the ability of their graduates and the effectiveness of their curriculum. Within a year of the Flexner report, the worst medical schools were closed, and the remaining medical schools rapidly improved facilities, improved teaching, and raised standards for admission, promotion, and graduation.

Progress in the science of measurement at the start of the twentieth century led to the development of reliable techniques of measurement that could be used to measure the knowledge and skills of an individual, the success of education and training programs at the university level, or compare graduates of different universities. Large scale standardized aptitude testing for Army recruits was introduced in the United States at the time of the First World War, and gained popularity after the war. The National Board of Medical Examiners (NBME) introduced examinations for physicians in

1915. The Educational Testing Service developed standardized tests for college entrance in the 1930's. By mid century national standardized examinations were commonly used for admission to college or professional school, job placement, and professional licensure.

## Fundamentals of Evaluation

In day-to-day practice of evaluation, a small sample of information regarding past or current knowledge and skills is often used as a basis for prediction of future performance. *Formative* evaluations are used to guide learning. *Summative* evaluations are critical judgments of knowledge or skills that typically occur at the end of a course or curriculum segment, at the time of promotion or graduation, or for certification of competency. To have value for students, faculty, and the community, these formative and summative evaluations must be *valid* representations of the domains of knowledge or skills under consideration. It is relatively easy to represent the content of a single course in a single subject area in an examination that seeks only to measure retention of the information presented in the course. When examinations are used to measure current knowledge in a broader area, or for certification of competence and professional licensure in a profession, the problem becomes more difficult. Valid examinations should represent the scope of knowledge or skills required for the profession in proportion to their frequency and importance in actual practice.

*Reliability* is the degree to which a candidate would be likely to receive the same score on an examination of similar content and difficulty if he or she was to retake the examination within a few days under similar circumstances, or to which candidates of similar ability would receive similar scores on the examination at different times. Reliability is largely a function of the design and construction of an evaluation instrument. Reliability is less critical when the subject material is ambiguous, there are no grades, and the examination is used as a basis for formative discussion. Reliability is critical when examinations are used in high stakes circumstances. Highly reliable evaluation instruments should be built from non-ambiguous questions and be long enough to minimize the effects of chance. They should be secure, and require controlled test circumstances that minimize opportunities for cheating. Unless speed in answering is one of the competencies to be tested, the time allotted for examinations should be sufficient to allow all to finish without time pressure.

Technical universities, including health care universities, have the responsibility to attest to the ability of graduates to competently perform in society. Faculties use tests as proxies for performance. Although it may be reasonable to make generalizations regarding a valid and reliable examination within one domain of competency, it is more challenging to make generalizations of competency across multiple domains based on test results within one domain. High scores on a valid test of knowledge do not predict technical or interpersonal skill, and should not be used for this purpose.

## Reporting Test Results

Evaluations provide information on candidates that form the basis for judgments of individual student competency, faculty performance, and the success of a university's educational mission. Not surprisingly, people take results seriously, often more seriously than the statistical accuracy of the assessments warrant.

- Test-takers usually want to know if they "passed", and how well they did compared to their peers. Often they want to know how much they know about certain topics, and where they have areas of weakness.
- Faculty members want to know how individual students are doing, but are also interested in how effectively they are transmitting information to students.

- Deans use test results to compare one section of the curriculum to another, to compare current students to previous classes, and to compare their university to others.
- Post-graduate training programs use results to select candidates for training.
- State governments want assurance that graduates meet minimum standards for professional competency.
- Accreditation agencies seek evidence that universities and schools are meeting their public responsibilities.

Test results are reported in a number of ways according to the purpose of the examination. Low stakes self-assessment examinations or formative intra-course examinations are often reported as percent correct within an area, sometimes compared to the overall performance of peer group of candidates. Candidates should receive appropriate feedback that permits them to customize their learning plans.

Summative examinations have defined levels of satisfactory performance that reflect the test designer's concept of minimum competency. Results are variously reported as a percent correct, percentile, standard scores, pass/fail/honors, or combinations of these. The selection of a level of satisfactory performance may be arbitrary (i.e. 60% correct), anchored to overall normative cohort performance (passing score set one standard deviation below mean), or based on formal criterion-based standard setting exercises (Angoff, Hofstee, or combination methods). Arbitrary percent correct passing standards are commonly used at the individual course level, especially when the number of students in a class is small. Normative grading-on-the-curve methods are frequently used for multiple-choice examinations given to larger class sizes. The combination of standard scores and criterion based standard setting permits equation of test difficulty across test forms and across test years, and is commonly used admissions examinations, achievement tests, and licensing examinations.

## Use and Abuse of Test Scores

In most instances, tests have both primary and secondary uses. As an example, in the health professions, licensing examinations are primarily designed to assure individual state licensing agencies that candidates have minimum competency in knowledge and clinical skills. They have many secondary uses, including promotion within the curriculum, and screening for consideration for post graduation training. These secondary uses have great influence on candidate behavior, and may distort the primary purpose of the examinations. In particular, overreliance on scores on examinations primarily designed to measure knowledge encourages students to pass less attention to, and in some cases ignore, aspects of the curriculum and competencies not easily measured on standardized tests of knowledge.

## Assessment Instruments

A variety of tests are used to measure knowledge or skill. For practical reasons, most faculties employ examinations comprised of short answer questions or multiple-choice questions to measure core knowledge. These are relatively simple to prepare, easy to administer, and can be graded quickly. Typically they emphasize recall rather than problem solving ability. Well-constructed MCQ examinations provide a defensible basis for summative evaluation of knowledge, but they are challenging to construct and deliver. It is difficult to write test questions that probe synthetic and analytic ability, and even more difficult to maintain secure, equitable test item banks over time. If the examinations are used for high stakes purposes, great care must be taken to preserve security during test administration and test delivery.

Essay examinations explore a student's ability to construct logical responses to one or more specific questions. Grading such examinations is time consuming and subject to high degrees of variability. Variability can be reduced if individual essays are judged against predetermined concepts, phrases, or patterns of logic. Variability decreases further if each essay is graded by several faculty members who use the same template. Variability increases if examinations are graded by only one of several faculty members participating in the examination.

Oral examinations usually involve an exchange between one student and one examiner, often framed in the context questions of increasing complexity.

Questions may be complex and individual biases of students and faculty are likely to affect outcomes. Without specific anchors and carefully trained, monitored, and equated examiners, generalizations made about overall competency of a single student by a single observer on one occasion have low reliability. At the end of a test day, one knows more about the individual examiner than the candidates.

Assessment of performance in simulations or in actual practice plays a critical role in determining competency. As in oral examinations or essay examinations, single observations of performance by one person are not reliable measures of competency. The reliability of observational assessments increase when many observers rate a student's performance using a common set of knowledge expectations, procedural expectations, or behavioral anchors on more than one occasion. The signal to noise ratio improves, and the overall result is more likely to reflect actual competency. Unfortunately, continuous observational assessment is time consuming and expensive, especially when the tasks are complex and the scope of competencies being measured is wide.

High stakes examinations, regardless of design, can have serious side effects. Unless they are carefully constructed they emphasize recall and promote the development of a "hidden curriculum" in which learning is based on likely examination content rather than on core principles. This is especially true when tests of knowledge are inappropriately used as proxies for other competencies, or when test results are used for admission or employment decisions.

## Conclusions

Universities have fundamental responsibilities to educate students and judge the outcomes of education. Modern societies rely on these judgments to assure the welfare of their citizens. Valid assessments provide the basis for formative assessment during a course of study, and for reliable judgments of competency at the completion of study. Assessment instruments should be chosen to reflect the expected competencies. Examinations composed of well written multiple-choice questions are reliable measures of knowledge, but they are not good measures of technical, interpersonal, or communication skills. Unless carefully constructed they emphasize recall rather than problem solving, and promote the development of a "hidden curriculum". There is a grave danger that scores will be overemphasized and misused. Short answer examinations, essays, and oral examinations, when properly used, add to the reliability of overall judgments of competency. Other assessment techniques include reflection and self-evaluation, observations of performance in actual in simulation or actual practice, and peer evaluation.

A modern university cannot fulfill its obligation to society without reliable measures of the success of its students or the effectiveness of its curriculum. Continuous quality improvement in the process of assessment is as important to the function of a university as delivery of course material.

# 6
# "O FIM DA ETERNIDADE"[1]

*Luiz Roberto Liza Curi*

A educação superior brasileira, em que pesem as necessidades estabelecidas pela nação, é um exemplo de êxito. Se considerarmos o tempo como variável, verificaremos que nossas universidades são relativamente jovens, tendo o início do século XX como marco essencial.

No entanto, ainda há muitos desafios a vencer. Talvez o principal deles esteja dentro das próprias universidades. Apesar das muitas dificuldades externas, as divergências entre agenda e implantação das políticas públicas, o financiamento, entre outras, o Brasil é o protagonista de um dos mais completos sistemas de avaliação da educação superior. Essa ação é e será decisiva.

A partir de boas práticas avaliativas, as instituições podem estimular suas governanças, suas agendas e, portanto, suas estratégias de desenvolvimento, a ponto até de proporcionar e estimular novas transformações e novas agendas ao Estado brasileiro.

Sabe-se que a universidade detém, hoje, o maior contingente de doutores pesquisadores do país. Para além das matrículas, as universidades são capazes de atualizar currículos, reorganizar e

1 Refere-se ao título do livro de Issac Azimov, *The End of Eternity*, de 1955.

dinamizar a pesquisa e contribuir, com políticas institucionais de extensão, para que seus resultados sejam significativos, pelo valor econômico.

## Desafios e limites da expansão

São inúmeros os desafios das universidades brasileiras. Como forma de organização acadêmica que, compulsoriamente, desenvolve a pesquisa, o ensino e a extensão, talvez o mais destacado deles seja a imbricada participação em programas e projetos de desenvolvimento econômico e social da nação.

Dito assim, é magnânima sua missão. Mas vamos, mesmo de forma não exaustiva, investigar o que isso representa.

Em primeiro lugar, as universidades brasileiras, públicas ou privadas, não funcionam sozinhas. Embora detentora de autonomias diversas, elas dependem de um complexo sistema externo, governamental, de regulação, avaliação e financiamento. De outro, integram um dinâmico processo de expansão que, para além de ampliar as matrículas, gera também restrições.

Segundo o último censo da educação superior, a expansão alcançou 2391 instituições, sendo 12,5% públicas. Dessas instituições, 8,2%, ou 196, são universidades e detêm 53,4% das matrículas brasileiras. Faculdades somam 2016 e representam pouco mais de 29% das matrículas. O restante são centros universitários ou IFs. Detentora de autonomia para abertura de cursos, com algumas exceções, como Medicina e Direito, era de se esperar que o processo de expansão resultasse em concentração de matrículas nas universidades em detrimento de outras organizações acadêmicas. Isso significa que uma instituição complexa, que tem por obrigação legal atingir o mínimo de quatro programas de mestrado e dois de doutorado para ser credenciada ou recredenciada como tal, depende de condições externas adequadas ao seu desenvolvimento. Por si, na ausência de políticas de indução, as universidades têm dificuldades em se instalar em regiões com déficits de recursos humanos qualificados, as que mais precisam... Assim, concentram matrículas indiretamente, também, por região.

Esse é um aspecto reforçado pelo processo regulatório que conduz a expansão. Se adicionarmos a distribuição das atuais 7.305.977 matrículas na educação superior por região, veremos que essas se concentram na região Sudeste, com 49% contra 9% na região Centro-Oeste e 8% na região Norte. As instituições de educação superior brasileiras expressam essa relação, com 49% delas na região Sudeste, que concentra as universidades, 6% na região Norte e 10% na Centro-Oeste. Universidades concentram matrículas e se reúnem nas regiões. Há ainda outra concentração a ser destacada. A da natureza dos cursos. Cerca de 4 milhões de matrículas são das áreas de Direito, Negócios, Pedagogia ou outras Ciências Sociais Aplicadas, como Contabilidade e Comunicação. As universidades expressam, a despeito de sua ampla e diversa missão, a concentração de oferta nesses cursos.

Uma outra questão relevante diz respeito ao processo seletivo ou ao ingresso e retenção de novos alunos. Em 2013, período do último censo, foram 2.742.950 ingressantes contra 991.010 concluintes.

A maioria dos ingressantes, cerca de 70%, possui alguma deficiência de conteúdos da educação básica. No caso dos egressos do ensino médio da escola pública, menos de um terço dos estudantes conhece a língua portuguesa da forma adequada ao período de estudo e apenas 10% sabem matemática proporcionalmente ao ano de ensino! Receber e manter esses alunos e reordenar o processo de formação é ou seria uma das obrigações da universidade. Sim. É preciso reconhecer que a evasão, iniciada desde cedo pela baixa capacidade de aproveitamento de estudos superiores pelos ingressantes, é uma forma de exclusão social e de desperdício de recursos públicos e privados. Combater os déficits de conhecimentos ou conteúdos não é tudo, mas é um passo essencial à eficácia de ações afirmativas que conduzem à inclusão na educação superior.

Outras ações se aglomeram nas causas da evasão, como baixo interesse pela organização ou estrutura curricular ou, ainda, dificuldades de visualizar a representação social e econômica do esforço formador: o emprego na profissão certa.

A questão é que, de alguma forma, o padrão de organização da universidade acabou por se moldar ao ritmo da expansão. Esse, por sua vez, é expressão de um processo de regulação baseada na avaliação. O aumento quantitativo de matrículas e ingressantes é sempre mais comemorado ou analisado do que o número de evadidos ou formados.

Nesse sentido, é relevante notar que uma das responsáveis pela concentração de matrículas na universidade é a graduação pela modalidade da Educação a Distância.

A evolução dos cursos em EAD depende de tecnologias de transmissão por satélite ou internet, de livros digitais, de tutorias e, principalmente, de credenciamento ou autorização de polos, tudo com forte estímulo ao autoaprendizado do aluno. A relação entre matrículas por curso em EAD tem em média 950 alunos, quase dez vezes a relação da presencial. De 2002 a 2013, essa modalidade de educação superior cresceu cerca de 2800%, enquanto a presencial alcançou 85%. A modalidade a distância é responsável por grande esforço da oferta de vagas, especialmente pelo setor público, para a formação de professores.

Vale aqui a reflexão acerca do significado da expansão de cursos na modalidade a distância. O atual processo de expansão é regido por um marco legal regulador bastante rígido, no sentido de inflexível. Obter os credenciamentos de polos para universidades ou faculdades é um esforço equivalente, que não diferencia a organização acadêmica do pretendente. Essa indiferenciada situação alcança também outras. É indiferenciado, também, o interesse regulatório por vagas em regiões onde a EAD faria mais sentido. Inclusive de preparar recursos humanos adequados à recepção de universidades e de outras expressões econômicas e sociais advindas da informação e do conhecimento. Mas não. A presença das matrículas em EAD altera pouco o quadro de distribuição regional das matrículas, em relação às regiões Norte e Centro-Oeste, pelo menos. Antes, reforçam a presença de novas matrículas em regiões como Sudeste ou Nordeste, onde a formação presencial é bem extensa. Em grandes centros urbanos ou capitais, podem existir dezenas ou centenas de polos de EAD convivendo com centenas de instituições que oferecem vagas presenciais. É difícil atacar, com eficiência, os excessos produzidos no âmbito da legislação, mas conduzir a expansão com eficiência a regiões onde mais se precisa dela é, ou seria, uma demonstração de efetividade da política educacional.

Essa situação pode ser agravada pelo fato de 66%, ou 3662, dos 5564 municípios brasileiros não possuírem, em 2014, nenhuma forma de oferta de educação superior.

Continuando a tratar da expansão, é interessante a comparação dos países da OCDE com o Brasil no que se refere ao crescimento das matriculas por áreas e habitantes. Nas áreas de Ciências Sociais Aplicadas (Direito e Administração), a OCDE apresenta 205 matrículas para 10 mil habitantes, contra 145 brasileiras. Nas Engenharias, são 78 matrículas OCDE para 48 brasileiras. Na Saúde, 72 a 48. Na Pedagogia, ganhamos! São 55 OCDE contra 68 brasileiras! De qualquer forma, foi nas Engenharias que se deu, em 2012, o maior crescimento de matrículas. Sua representação chegou a 16,6%, passando para 12% no conjunto dos cursos.

Em relação aos egressos, há, com efeito, uma grande concentração. Cursos de Engenharia, por exemplo, ficam, no Brasil, com 5%. A mais baixa taxa dos BRIC é três vezes menor do que a média dos países da OCDE. Esse é um reflexo direto da condição de aprendizado dos alunos ingressantes. A maioria disponível que preenche as 78% das matrículas da educação superior, destinadas às IES privadas, tem sério déficit em Matemática e Ciências. Um curso de Engenharia é quase uma impossibilidade prévia a muitos deles. E isso impacta a evasão.

Em média, cerca de 900 mil alunos evadem por ano das instituições de educação superior. Desses, quase 80% são provenientes do setor privado. Por essa ótica, a expansão da educação superior gera uma lacuna de mais de 9 bilhões de reais por ano. Nas Engenharias, ela já alcançou 60% das matrículas no setor privado e 40% no setor público.

Se compararmos, por outro lado, a quantidade de ingressantes no ensino superior, esta aumentou em 17,1% nos últimos dois anos.

Passou de 2,35 milhões para 2,75 milhões. Em 2002, o número de novos estudantes era 91,9% menor, em torno de 1,43 milhão. Esse dado, se confrontado com o das matrículas, representa a evasão que acompanha a expansão.

A roda da expansão, de qualquer forma, vem girando com a mesma frequência desde 2000. Mas será que ela não gira em falso? De cerca de 1,5 milhão em 1980 para mais de 7 milhões de estudantes em 2013. Se considerarmos apenas os últimos dez anos, as matrículas aumentaram em 150%. É relevante destacar que mais de 1,21 milhão de alunos dependem do Prouni e mais de 800 mil, do Fies. Neste último, o número aumentou para cerca de 2 milhões. Já o orçamento do programa teve alta nominal superior a 315% entre 2011 e 2013: passou de 1,8 bilhão para 7,5 bilhões de reais. Em 2013, 30% dos ingressantes vieram estudar por meio do Fies.

A questão, no entanto, não é a necessidade da expansão, mas sim a expansão para que tipo de necessidade. De fato, dentre as metas do Plano Nacional de Educação, a Meta 12 é explícita no sentido de superarmos os atuais 17% de jovens de 18 a 24 anos que já estudaram ou estão matriculados na educação superior, para 33% em dez anos. O dobro. A meta também indica que devemos superar os atuais 27% de matrículas ou de egressos da educação superior acima dos 18 anos para 50%, nos mesmos dez anos. Tudo isso, conforme disposto na Lei do PNE, tendo a qualidade garantida pelo Estado. A meta está certa. Os dados acima revelam que, na América Latina, o Brasil só ganha – em inclusão ou matrículas da educação superior – do Haiti. Contra os 17% do Brasil, a Bolívia alcança 21%; a Venezuela, 26%; a Argentina, 40%; o Chile, 27%; a Colômbia, 33%; a Europa, 62%; e os Estados Unidos, 80%.

Os interesses das instituições em matrículas, os dos indivíduos em diplomas e os da sociedade em empregos poderiam estar mais bem articulados. A interação entre o padrão de aprendizado ou cultural dos egressos da educação básica com as estratégias de nivelamento e de organização curricular da educação superior deveria ser objeto de alguma articulação. Essas convergências, no entanto, não são espontâneas. Dependem de política pública.

## Avaliação e as decorrências para a organização universitária

Talvez seja pelo lado da avaliação que as externalidades atinjam de forma mais contundente as universidades. De fato, as questões anteriores acerca da expansão dependem direta ou indiretamente do sistema de avaliação da educação superior.

No entanto, de uma forma talvez mais central, a avaliação deveria representar para a universidade brasileira um estímulo maior. Sim, não basta instruir a avaliação pelo padrão legal regulatório e censitário sobre número de doutores, tempo de dedicação, acervos, pesquisas e quantidades de mestrados e doutorados, ou projetos pedagógicos identificados nas diretrizes nacionais curriculares. Essa avaliação produz um mínimo que não estimula a universidade. Protege a sociedade de instituições decadentes ou corrompidas academicamente, mas não favorece a universidade naquilo que ela mais precisa, superar seus limites e ampliar sua vocação para além da instituição.

No caso da educação superior, o processo de avaliação é um dos principais instrumentos da política. Com objetivos e finalidades quase exclusivamente censitárias, a avaliação, na maior parte das vezes, deixa as instituições sem o estímulo necessário à mudança. Muitas ficam sem entender o significado de sua própria nota avaliativa e, em todo o caso, ficam sem relacionar as transformações articuladas a esse processo.

Mas é na avaliação que se referencia a regulação e a supervisão do Estado sobre a educação superior. A utilização de seus resultados é a forma principal por onde ocorre a expansão. Desde seu papel no processo de implantação ou desenvolvimento das políticas educacionais, a avaliação poderia, ainda, ter uma participação mais incisiva na transformação e na tangibilidade efetiva da universidade para a nação.

Atualmente, a avaliação se organiza por um ordenamento legal que considera, para as finalidades regulatórias, os padrões de qualidade mínimos suficientes. Até aí, tudo certo. O problema é que, para além do atendimento mínimo de qualidade, as universidades e seu desenvolvimento deveriam corresponder às necessidades do país e não reduzi-las às perspectivas iniciais ou mínimas de si próprias como ente regulado pelo Estado. Ao instruir o controle social acerca do pior e do melhor, a avaliação poderia realçar as diferenças entre projetos, programas, cursos, produção de pesquisa e atividades de extensão, demonstrando e esclarecendo as diferenças entre as instituições aos setores econômicos que irão empregar pessoas e conhecimento.

Poderia, assim, contribuir para que a expansão resultasse na associação do perfil de universidades, mas também de centros universitários, faculdades, com as expectativas de outras políticas públicas, como as de ciência, tecnologia e inovação, desenvolvimento produtivo, saúde, infraestrutura, serviços, segurança pública, comunicações etc.

Dessa forma, o crescimento da educação superior seria admitido não só pelas matrículas que proporciona, mas por incentivar a demanda por áreas e setores capazes de transformá-las em desenvolvimento social e crescimento econômico.

É de se destacar que o Conselho Nacional de Educação vem organizando diversos estudos e está a considerar, em comissões de trabalho e em relatos de processos, a avaliação como referencial de qualidade que indique fatores além dos mínimos e capazes de estimular políticas de desenvolvimento institucional e aproximá-las das efetividades econômicas e sociais. Outra consequência do trabalho do CNE foi a resolução que aprova um novo instrumento de avaliação de instituições de educação superior, que ampliam os indicadores referentes ao desenvolvimento institucional, ao processo autoavaliativo e à organização curricular.

A organização curricular é emblemática quando se coloca a avaliação institucional na perspectiva das transformações da universidade brasileira. O currículo é muito mais do que a expressão de diretrizes nacionais ou de associação de conteúdos às habilidades e competências dos estudantes. Trata-se de organização que expressa a gestão do conhecimento que agrega a formação e a formulação de agendas de pesquisa e práticas ou projetos de extensão. Ordenar currículos capazes de gerar profissionais ou egressos contextualizados com as diversas conjunturas que envolvem o trabalho como diplomado significa, também e essencialmente, estruturar ambientes governados de forma adequada por docentes e dirigentes acadêmicos. A referência à governança institucional que se estabelece como critério ou requisito tanto à organização curricular como à da pesquisa e da extensão é um indicador essencial que hoje, infelizmente, ainda escapa da avaliação.

Nesses casos, o importante é que, novamente, a avaliação saiba diferenciar perfis e estratégias institucionais a partir das associações próprias com o desenvolvimento das áreas de conhecimento e aos novos desafios profissionais, evitando a comparação, por standards, das dimensões avaliadas, tais como organização didático-pedagógica, infraestrutura e corpo docente, utilizados como padrões mínimos de qualidade. Os currículos devem atender e estimular as interações entre conhecimento com as demandas sociais, a economia e o mercado, e não se apresentarem como peças burocráticas repetidas e replicadas no espaço e no tempo.

Para as iniciativas estratégicas nacionais como as relacionadas à inovação e a competitividade industrial, essa é uma questão crucial. A capacidade de um país inovar depende fortemente da qualidade da formação, da intensidade de conhecimento produzido em áreas selecionadas e das habilidades solicitadas pelos setores com potencial inovador. Com a rápida obsolescência das tecnologias existentes, a formação de nível superior deve privilegiar conteúdos essenciais, habilitando os egressos a aplicar rapidamente conhecimentos e técnicas. Afinal de contas, aos conteúdos curriculares estarão associados docentes e pesquisadores, dos quais será cobrada, pela própria instituição, qualidade da experiência científica e prática. Para além do ordenamento de conteúdos dos currículos, é necessário que eles traduzam o movimento da universidade em direção à sociedade. Devem ser a expressão da avaliação que informa a sociedade e transforma a universidade.

A organização curricular pode, com efeito, dependendo do projeto institucional, impulsionar a taxa de inovação na indústria brasileira, que segue abaixo dos 2%, e estimular a presença de doutores e especialistas em empresas. Por coincidência, 2% também é a taxa de doutores em setores de P&D empregados em empresas no país. Taxa quarenta vezes menor do que a dos Estados Unidos. Dessa forma, programas muitas vezes institucionalizados de forma enviesada, ou exclusiva a um setor acadêmico, como o de proteção da propriedade intelectual, poderiam ser articulados com estudantes de graduação, estimulando a criatividade e o empreendedorismo nos currículos.

Uma organização curricular plenamente institucionalizada é uma excelente ideia para que cursos superiores possam admitir, como dado da conjuntura, a necessidade de reforço na formação dos egressos da educação básica, sobretudo nas linguagens matemática e científica, como forma de sustentar a manutenção e proporcionar a diplomação qualificada.

A sinalização de que a educação superior é essencial à indução da educação básica e, em decorrência, do desenvolvimento e bem-estar do país é uma forma clara de incentivo ao amplo controle social de seus resultados, o que é imprescindível para que se garanta crescente qualidade de profissionais e de produção de conhecimento.

Dessa forma, o processo de avaliação e regulação da educação superior no Brasil poderá se tornar um inestimável apoio ao processo de implementação de outras políticas públicas com alcances essenciais ao futuro do país. Desde logo, pode ampliar a interação das políticas de educação entre si e destas com outras capazes de propiciar a dinâmica de nosso futuro, como saúde e inovação.

Em que pese o esforço do censo da educação superior, é necessário que os dados sejam mais bem utilizados na definição das políticas. Medir matrículas, por si só, é como medir um passado que se inicia, periodicamente, sem sentido futuro.

A avaliação pode, assim, ser um valioso mecanismo de ampliação das políticas educacionais, na medida em que proporciona a participação de outros atores, de outras arenas, no processo de identificação de insuficiências institucionais no que se refere à efetividade da formação e da produção de conhecimento. Nesse e em outros fatores, como estamos a ver, a educação superior e a sociedade têm muito a trocar e a articular.

Assim, imbuída de maior capacidade de induzir e explorar as diferenças, a avaliação trará consequências positivas ao processo de expansão da educação e da organização acadêmica das universidades, a organização de maior dinamismo expansionista, como signo e forma de desenvolvimento. Dessa forma é que se combate a concentração de matrículas e, ainda, a expansão daquelas impulsionadas pelas facilidades da autonomia institucional e da capacidade de ampliação cíclica da oferta de vagas. É o caso dos grandes grupos educacionais que reúnem dezenas de instituições com formas de organização acadêmica variada, como faculdades, centros universitários e universidades, indistinguindo, nas práticas da gestão, as estratégias de governança entre elas. Se, de um lado, essas práticas podem ser explicadas pela diminuição de custos, de outro são estimuladas ou plenamente aceitas pela atual estrutura de avaliação e regulação. Não há impedimento, do ponto de vista avaliativo ou regulatório, para que uma universidade seja gerida como faculdade, mesmo tendo um aparato mínimo de pesquisa, quatro mestrados e dois doutorados instalado. Mais que isso, a avaliação não instrui a centralidade em aspectos de gestão institucional, ou das variações da organização curricular e muito menos das de pesquisa e extensão.

Finalmente, a premissa inicial que mais interessa à universidade é a de que a avaliação deveria diferenciar e indicar limites, e não igualar e promover os mínimos. O primeiro obstáculo é a ausência de uma avaliação que integre pesquisa, extensão e formação graduada. Enquadrar a universidade por um instrumento de avaliação institucional multiúso pode não ser uma forma adequada de estímulo ao desenvolvimento acadêmico e às suas outras responsabilidades externas. Submeter a universidade a um processo de regulação e avaliação comum ao conjunto das instituições certamente deve contribuir para que a universidade se afaste do que a caracteriza ou a diferencia.

Mesmo se quisermos enaltecer as diferenças da universidade pública em relação à universidade privada, a questão permanece. Ou seja, a ambas deveria interessar um processo consistente e ampliado de avaliação, e considere-se também as externalidades que promovem o desenvolvimento e a qualidade.

O setor público pode ser considerado um dos mais carentes em relação a todo esse processo. As avaliações realizadas, os instrumentos aplicados, os instrumentos de avaliação e suas formas, os indicadores integrados ou desintegrados, ou não se referem às atividades de uma universidade experiente ou estão aquém delas. A tendência de resultados em notas máximas pelo setor público pouco ou nada significa. É, em primeira vista, um esperado desempenho diante de um instrumento comum ao conjunto das IES brasileiras. Em segunda análise, deturpa o controle social externo sobre elas e prejudica a mobilização da comunidade interna em relação à superação de limites que se constituíram no passado como vanguarda da educação e da pesquisa. Não se pode saber, pelo atual sistema de avaliação, quais as diferenças entre as universidades públicas ou entre as consideradas melhores por outros indicadores, como os da Capes, também pouco integrados na avaliação institucional. É como se fossem iguais, com metas, desafios e agendas comuns. É como se a realidade institucional se separasse das realidades divergentes de departamentos e grupos de pesquisas.

Não se pode saber quais as diferenças, inclusive, entre o passado e o presente de uma mesma universidade. Assim, percebe-se, não se pode saber qual será o futuro delas.

A autoavaliação institucional das universidades poderia ser um bom exemplo ao governo se fosse preparada com mais criatividade. Hoje é uma exigência, adequada e felizmente mais ampliada e impactante, do instrumento avaliativo e da Lei 10861/2004, a Lei do Sinaes (Sistema Nacional de Avaliação da Educação Superior). Um dos aspectos que poderiam ser referência a um programa consistente de autoavaliação é o que resulta do processo de revalidação de diplomas estrangeiros de graduação (exclusiva atribuição da universidade pública) e de mestrado e doutorado também (atribuição de universidades). Não fosse essa atividade tomada por um serviço compulsório, às vezes quase um castigo, dela poderiam ser verificadas formas de organização curricular e de pesquisa praticadas nos diversos países e instituições de origem dos(as) diplomados(as). Modelos flexíveis de formação, quantidades menores de horas-aula, produtividade maior dos alunos na produção de conhecimento e novas formas de avaliação são experiências que, ou estão relatadas nesses processos, ou podem ser complementadas rapidamente por solicitação da universidade revalidadora. Essas ações dependem e estão ao alcance direto da instituição. Outra perspectiva nessa mesma linha de cooperação é a da experiência dos estudantes que foram estudar no exterior pelo programa Ciência sem Fronteiras, especialmente os de graduação sanduíche. Até 2014, o programa acumulou 78.173 bolsas, sendo 61.542 em graduação sanduíche, 8.024 em doutorado sanduíche, 2.687 em doutorado, 4.322 em pós-doutorado, além de outras em menor número, como atração de jovens talento, mestrado e pesquisador visitante.

Os estudos de jovens que retornam da graduação sanduíche devem ser revalidados e, aí, abre-se outra oportunidade para pesquisa e para aprender sobre outras e novas experiências internacionais de organização de diversos cursos de graduação, sem contar que os mesmos estudantes bolsistas, por estarem na universidade, podem enriquecer em depoimentos e testemunhos os estudos de caso, talvez até como uma atividade acadêmica regular de seu próprio curso.

Outras formas de cooperação e estudos internacionais sobre políticas públicas de educação superior e organização da universidade certamente estão disponíveis em diversos órgãos e agências governamentais.

Quem sabe, assim, a governança institucional não poderia corrigir ou aperfeiçoar o sistema avaliativo e regulatório governamental.

## Exemplo de política pública educacional vindo do Reino Unido

Um significante pode dar margem a diversos significados. É relevante a reflexão daqueles proporcionados pelo caso do Departament of Business, Inovation and Skills – BIS (Negócios, Inovação e Qualificação), agência inglesa determinante na implantação das políticas que conduzem à empregabilidade os egressos da educação superior, e à utilidade econômica a pesquisa realizada pelas universidades.

No âmbito dessa missão, o BIS organiza a prioridade do financiamento das instituições de educação superior, bem como ações e mecanismos capazes de ampliar a participação do conhecimento na economia do Reino Unido.

No desenho britânico da política pública de educação superior, houve a clara preocupação de convocar e organizar um conjunto de atores por sua relevância na efetividade e no ganho nacional, e não pelo interesse imediato de cada um deles. Assim, foram organizados conselhos, comissões e organismos públicos destinados a articular os interesses da educação superior com os da indústria, dos serviços, das políticas sociais, enfim, do desenvolvimento do país. Essa articulação é direta e envolve instituições como a Comissão Britânica de Empregos e Competências e o Conselho de Competências dos setores econômicos. A interação desse aparato foi capaz de mobilizar a confederação nacional da indústria britânica, o congresso de sindicalistas, o conselho da câmara britânica e institutos profissionais, como o de Engenharia, para citar o mais destacado.

Esses órgãos produzem informações e pesquisas sobre ocupações de nível superior, como salários, desempenho do setor frente à empregabilidade, cenários de crescimento das carreiras, entre outros. Por outro lado, os órgãos públicos que definem a política organizam as atividades de regulação, financiamento e avaliação da educação superior, baseados na proeminência desse conjunto de atores. É realizada uma avaliação dos egressos, os currículos são verificados sob diversas perspectivas, inclusive as do Serviço

Nacional de Carreiras, o financiamento é articulado com o desempenho das instituições e cursos e utilizado como meio de estímulo regulatório. Para além do aparato regulatório de financiamento e de avaliação, as ações governamentais se expandem para fortalecer a política pública por meio de academias nacionais de qualificação, centros de mobilização de emprego, programas avançados de capacitação de aprendizes, projetos de estímulo e informação à empregadores, e por aí vai.

O BIS recebe subsídios e informações de todo esse aparato e realiza programas para desenvolver a economia com base na atuação conjunta desses atores. Como resultado, as empresas ganham em desempenho e qualificação de mão de obra, e ainda são incentivadas a inovar. Por outro lado, as instituições de educação superior se beneficiam de uma estrutura robusta de financiamento e são estimuladas a autoavaliar o processo formativo e a pesquisa de olho na demanda.

No Reino Unido existem cem universidades, algumas delas entre as dez melhores do mundo, incluindo aí a de Oxford, fundada em 1096. São mais de 2,5 milhões de estudantes matriculados na graduação, dentre os quais 400 mil estrangeiros. O sistema de educação superior contribui com cerca de R$ 220 bilhões para a economia britânica. Estudantes estrangeiros agregam R$ 17 bilhões à economia, soma muitas vezes superior à de nosso robusto sistema de mais de 7 milhões de matrículas.

Em 2003, o governo britânico detectou queda das matrículas nas áreas da Ciência, Engenharias e Matemática. Organizou uma força-tarefa envolvendo empregadores, mídia, financiamento e agências reguladoras. O resultado foi a melhoria dos currículos, o aumento das matrículas, das bolsas e do emprego nessas áreas.

## Governança e outras questões

Preocupa a retenção do aprendizado associado à progressão das séries. Preocupa o baixo aproveitamento do processo avaliativo na universidade. Preocupa, sobretudo, a extrema proeminência dos atores preponderantes da arena da política pública da educação superior, ou seja, a restrita capacidade de alianças, blocos ou entendimentos de conflitos e buscas de consenso entre atores de arenas distintas. Preocupa a ausência de identificação das convergências das políticas públicas pelo Estado.

A consequência, talvez dramática, é a evasão e a baixa capacitação dos egressos de nível superior, o que ocasiona uma crescente dispersão profissional e também gera graves prejuízos, como vimos. Talvez o maior deles seja a distância entre conhecimento e desenvolvimento econômico por seu lado mais dinâmico, o das novas tecnologias e da inovação. Para se dar um exemplo pouco usual em debates sobre a educação básica, em 2012, os Estados Unidos entraram com 50 mil novos pedidos de patentes; a China, com 17 mil; a Coreia do Sul, com 11 mil. E o Brasil? Pouco mais de 600. Embora com economia referenciada como a sétima do mundo, o Brasil ocupa a 80ª posição no quesito distribuição de renda e a 56ª posição em relação a competitividade e inovação industrial no mais recente Relatório de Competitividade Global, colado em países de grau de desenvolvimento muito menores. É um dado preocupante, considerando que em sua base está a educação.

É de suma importância que recursos investidos possam retornar de forma efetiva à população. A customização das consequências em déficits de aprendizado, em professores de baixa qualidade ou despreparados, de infraestrutura precária ou inadequada deve ser contabilizada para que saibamos o que deixamos de conquistar com os recursos investidos. Mas, para além desses fatores, deve-se também avaliar os resultados do desempenho das universidades para a sociedade. Isso não se avalia com testes de aprendizado. Ajuda, mas não resolve. O desempenho depende do projeto da universidade e dos compromissos descritos e desenvolvidos. E este depende da governança praticada na universidade.

É pelo padrão da governança que se estabelece o padrão de institucionalidade das ações e práticas da universidade. E deste depende o ordenamento da estrutura e das transformações que a universidade deve assumir junto à sociedade brasileira.

O debate sobre a governança na universidade não pode ser confundido com interferência na autonomia. É uma questão que deve partir da própria comunidade acadêmica e ser estimulada e oportunizada pelas políticas públicas e seus aparatos, como a avaliação, a regulação e o financiamento. Temas centrais como a discussão e o debate sobre uma agenda de prioridades para a pesquisa e áreas prioritárias de formação só podem ocorrer com a presença da universidade que institucionaliza suas práticas e compromete os atores internos para fins comuns, de alcance social e econômico significativos.

# Parte II

# 7
# A governança universitária em transformação: a experiência das universidades públicas brasileiras

*Elizabeth Balbachevsky*
*Maria Teresa Kerbauy*

O conceito de governança tem sido usado na literatura que estuda as instituições de ensino superior a partir de duas perspectivas distintas: a primeira delas focada nos mecanismos de ajustamento internos à instituição, e a segunda focada nas estruturas de coordenação que a universidade desenvolve com atores societais externos.

Internamente, o conceito de governança descreve bem a complexidade dos mecanismos de ajuste mútuo que precisam estar presentes em uma instituição, que Burton Clark (1987) descreve como sendo "pesada em sua base". Dois fatores precisam ser considerados aqui: em primeiro lugar, ao contrário da maioria das instituições conhecidas, a universidade se caracteriza por uma forte concentração de autoridade, poder decisório e autonomia em suas unidades básicas, situadas na base da hierarquia institucional – as cátedras, em algumas experiências nacionais, ou departamentos, em outros países. Em segundo lugar, uma parte relevante das estruturas de recompensa que balizam o desempenho de seus professores encontra-se sob o controle de coletivos situados fora da instituição. Em seu famoso artigo "A república da ciência", Michael Polanyi (1962) mostrou como os sinais de prestígio sob a forma de publicações e citações organizam a dinâmica de crescimento da ciência, conectando iniciativas que, de outra maneira, permaneceriam isoladas. Na estrutura institucional da ciência, uma publicação não é apenas um indicador da produção científica: ela se constitui em um ponto de interconexão e coordenação dos esforços de pesquisa levados a cabo por diferentes grupos de pesquisa. O impacto dessa publicação mede o grau de atenção que os demais membros da comunidade de pares dão para esse resultado. Impacto maior significa maior conexão, maior atenção dos pares.

Do ponto de vista da análise da governança da instituição universitária, o ponto central dessas observações está associado ao fato de que uma parte relevante dos incentivos e recursos de prestígio relacionados a um ator central para a instituição – o professor universitário – encontra-se fora de seu espaço de jurisdição. Como bem assinalou Clark (1983, p.31), a universidade pode ser descrita como uma estrutura matricial, onde parte das dinâmicas integrativas é organizada a partir do interior da instituição, e outra parte dessas dinâmicas é estabelecida a partir de seu exterior, comandada por comunidades de pares que se articulam em torno de disciplinas e/ou objetos de pesquisa e de ensino comuns.

Nesse sentido, o governo da universidade é, forçosamente, um exercício de governança. Distintos microambientes institucionais são coordenados através de mecanismos complexos de ajuste, que combinam lógicas hierárquicas, competitivas e de acomodação de objetivos, valores e interesses.

Cohen, March e Olsen (1972) caracterizaram o ambiente universitário como uma anarquia organizada, marcada por um padrão inconsistente de preferências e modelos fluidos de participação. Nesse modelo, o processo decisório assume padrões característicos, onde as decisões são produzidas sem o recurso de um sistema explícito de barganha ou preços: as decisões são produzidas mediante a ativação da participação limitada de atores internos, sem que com isso se produza um consenso mais abrangente no interior da instituição. Dessa forma, o processo decisório dentro da universidade se aproxima daquilo que esses autores chamam de *garbage can model* – em uma tradução ao pé da letra: a forma de organização dos resíduos no interior de uma lata de lixo. Para esses autores,

> A major feature of the garbage can process is the partial uncoupling of problems and choices. Although decision making is thought of as a process for solving problems, that is often not what happens. Problems are worked upon in the context of some choice, but choices are made only when the shifting combinations of problems, solutions, and decision makers happen to make action possible (p.16).

Essa lógica anárquica que caracteriza a organização do poder interno à universidade está presente também nas dinâmicas de interação que essa instituição estabelece para fora, com outros atores societais. Nesse contexto, o processo de interação com o ambiente externo fica condicionado pela disponibilidade de mobilização de diferentes atores internos, cada qual respondendo a uma estrutura de incentivos que parcialmente é ditada pela instituição, parcialmente é ditada pelas redes externas que articulam profissionais com o mesmo perfil (pares), parcialmente é ditada pelos incentivos presentes nas instâncias de formulação e implementação da política científica e ainda, parcialmente, decorre das oportunidades e tipo de interação com outros setores da sociedade.

## A governança interna da universidade: uma tipologia

As características delineadas acima são gerais e, em maior ou menor grau, estão presentes em todas as instituições universitárias. Entretanto, universidades assumem características diversas em diferentes países. Peter Maasen e Johan Olsen (2007) propuseram uma tipologia relevante para se entender essas diferenças. Essa tipologia distingue as instituições universitárias em função do grau de convergência da visão dos diferentes atores internos acerca das normas e objetivos da instituição; e a relevância maior ou menor dos fatores externos para determinar suas dinâmicas. A tipologia proposta por esses autores distingue quatro tipos diferentes de instituição universitária, cada qual caracterizada por uma dinâmica de governança específica (Quadro 1, abaixo).

Quadro 1. Tipologia de instituições universitárias e suas dinâmicas de governança

| | Dinâmicas institucionais determinadas por fatores internos | Dinâmicas institucionais determinadas por fatores externos |
|---|---|---|
| Atores internos compartilham normas e objetivos | Modelo humboltiano: governo de pares<br>Lógica: identidade<br>Critério de qualidade: relevância científica<br>Dinâmica: com. científica | Universidade como instrumento de política nacional<br>Lógica: administrativa<br>Critério de qualidade: resposta às políticas<br>Dinâmica: decisões governamentais |
| Atores têm percepções conflitivas sobre normas e objetivos | Representação de interesses,<br>Lógica: representação<br>Qualidade: acomodação dos interesses<br>Dinâmica: barganha interna | Empresa de serviços operando em mercados competitivos<br>Comunidade de serviços<br>Qualidade: responsividade<br>Dinâmica: respostas à pressões competitivas do ambiente externo |

Fonte: Traduzido e adaptado de Maasen; Olsen (2007).

Nessa tipologia, o modelo humboltiano clássico é caracterizado por uma forte convergência de valores, que sustentam hierarquias de autoridade altamente legítimas. Nesse modelo de governança, as decisões centrais da vida universitária estão a cargo do senado universitário. Este é visto não como um espaço de representação de interesses diversos da instituição, mas como uma assembleia de notáveis, autoridades institucionais que alcançaram a posição mais alta da hierarquia acadêmica porque representam uma liderança intelectual legitimada por seus pares, dentro e fora da universidade. Essa legitimidade é dada pela preeminência e reconhecimento de cada liderança junto aos seus pares, em uma dinâmica que extrapola, necessariamente, o espaço intrainstitucional. No limite, para se produzir, a liderança científica (reconhecida pelos pares) precisa estar bem alinhada à liderança institucional, a carreira acadêmica precisa refletir exclusivamente a lógica meritocrática e as relações no interior do corpo acadêmico precisam refletir o modelo do mestre-aprendiz. É claro que esse tipo ideal nunca se expressa por completo. Mas essa lógica está mais ou menos presente em todas as instituições universitárias. Em alguns casos, suas dinâmicas estão mais presentes, em outros, elas são mais atenuadas.

O segundo tipo é aquele em que a governança universitária é percebida como uma representação dos diferentes interesses presentes na instituição. O elemento central desse modelo de governança está nos mecanismos de representação: a eleição das autoridades com a participação de todos os interesses internos à instituição, o que implica o reconhecimento de que é a diferença, o dissenso e a negociação que desempenham um papel central na governança universitária. Nesse modelo, as dinâmicas da instituição respondem basicamente aos movimentos dos diferentes setores internos que se fazem representar na instituição. Da mesma forma que o modelo anterior, o ambiente externo extra-acadêmico tem pouca capacidade de condicionar o desenvolvimento da instituição. As interações com o ambiente externo respondem a uma agenda que é negociada no interior da instituição, com todas as partes interessadas organizadas dentro da instituição.

O terceiro tipo identificado por esses autores corresponde ao modelo da universidade criado para responder a uma missão específica dada pelo governo. Nessa lógica, a instituição universitária é subalterna e seu sucesso é mensurado pela resposta que dá à missão a ela atribuída. O modelo histórico que mais se aproxima desse ideal é o das universidades criadas pelos Estados socialistas do século passado, e alguns modelos de universidades criadas em países do Leste Asiático, em particular na experiência chinesa. Nessas instituições, a lógica administrativa tende a predominar, o sucesso da instituição é mensurado pelo grau de realização dos objetivos políticos e econômicos que lhe foram atribuídos, e as dinâmicas são fortemente condicionadas pelas decisões tomadas no âmbito do Estado.

Finalmente, o quarto tipo ideal é aquele representado pela universidade empreendedora, em que diferentes setores da instituição competem por prestígio e recursos no ambiente externo. A instituição está imersa em um ambiente externo marcado pela competição, e suas subunidades internas estão submetidas à mesma lógica competitiva, explorando as múltiplas oportunidades identificadas no ambiente externo e interno. De novo, ainda que imperfeitamente, o modelo que mais se aproxima desse tipo ideal é a grande universidade de pesquisa norte-americana. Ela está sujeita a um ambiente marcado por forte tensão competitiva, e são as oportunidades e riscos presentes nesse ambiente o fator que mais claramente define a trajetória de cada instituição, e portanto produz estímulos para a diversificação e autoajuste das dinâmicas que se estabelecem dentro dessas instituições.

Os modelos acima são tipos ideais e portanto descrevem arranjos institucionais extremos. A realidade do sistema de ensino superior de cada país e a vida de cada instituição universitária tendem a refletir diferentes composições desses padrões de arranjo institucional.

## A governança da universidade brasileira: algumas considerações iniciais

Uma análise do Quadro 1 (p.128) permite-nos estabelecer o lugar da governança da universidade pública brasileira: ela é, predominantemente, organizada sob a lógica da representação de interesses. Suas autoridades são escolhidas e legitimadas pela consulta aos diferentes corpos (e interesses) que constituem os agentes internos da instituição. Na imensa maioria das instituições públicas brasileiras, a consulta, com a participação de todos os setores da universidade, é o mecanismo reconhecido e legitimado para se definir o controle da instituição. Ainda que reconheça o mérito acadêmico – e na tipologia do Quadro 1 nada obsta que ele seja reconhecido –, o processo de escolha das autoridades universitárias é visto como sendo tão mais legítimo quanto maior for a extensão dos interesses mobilizados para sua escolha.

Sendo o princípio representativo dominante, as dinâmicas predominantes também têm origem interna à instituição. A interação que esse modelo de universidade estabelece com o ambiente externo é produto da confluência de duas dinâmicas internas: os interesses e valores sustentados por diferentes comunidades no interior da instituição, e os sinais produzidos pela comunidade de pares no âmbito regional, nacional e até internacional.

A despeito de sua origem endógena, as dinâmicas que sustentam a interação da universidade com o ambiente externo são bastante relevantes. De fato, para vários setores da comunidade acadêmica essas relações são centrais para o desenvolvimento de seus projetos acadêmicos. Por exemplo, a literatura recente tem apontado a centralidade dessas interações para as novas áreas de conhecimento nascidas no final do século XX, tais como as ciências ambientais, a biotecnologia, a nanotecnologia ou os estudos climáticos. Andrea Bonaccorsi e associados (2007, 2008), por exemplo, argumentam que, nessas áreas, o crescimento da produção acadêmica depende fortemente da solidez que os pesquisadores dessas áreas conseguem sustentar com outros setores e instituições da sociedade.

De acordo com essa literatura, as novas áreas se caracterizam por um padrão específico de produção do conhecimento, em que este acontece em contextos de aplicação, quando o próprio momento do conhecimento e da observação se confunde com o design de novos artefatos (como é o caso da nanotecnologia), ou ainda com a modelagem de intervenções deliberadas sobre a realidade (como é o caso das ciências ambientais). Essas áreas se caracterizam por um alto nível de complementaridade cognitiva (transdisciplinaridade) e institucional, onde a produção do conhecimento depende da mobilização de grupos heterogêneos, tanto do ponto de vista cognitivo como do ponto de vista da inserção institucional. Na medida em que essas áreas operam no limite entre o artificial e o natural, a produção do conhecimento depende criticamente do estabelecimento de fluxos de informação entre diversos tipos de dados, produzidos por diferentes tipos de organizações. Sem cooperação e coordenação entre organizações tão díspares como a academia, hospitais, laboratórios governamentais, agências internacionais, agências regulatórias e, inclusive, empresas, esses dados não circulam, as competências não se complementam e o conhecimento produzido é de pior qualidade (Bonaccorsi; Thoma, 2007).[1] Portanto, a realidade vivida pelas áreas científicas de desenvolvimento recente coloca um prêmio na interação intensa com o ambiente externo. Para os grupos de pesquisa ligados a essas áreas, a imersão em redes heterogêneas é uma condição de sobrevivência.

A cooperação com atores externos – sob a forma de extensão voluntária – também é um fator de identidade para muitos grupos dentro da universidade. A relativa ambiguidade de valores que marca a construção da carreira acadêmica no interior dessas instituições comporta leituras locais diferenciadas, e pode criar importantes incentivos para o envolvimento de acadêmicos – isoladamente ou em grupo – com atores externos à instituição.

Outro elemento significativo que precisa ser levado em conta nessa análise é a profundidade das mudanças recentes por que tem passado a governança dessas instituições. Se aos olhos dos atores internos a universidade pública brasileira ainda é, predominantemente, um espaço de representação de interesses internos, aos olhos da burocracia governamental ela é, cada vez mais, um instrumento de política governamental.

A experiência dos governos recentes sob a hegemonia do Partido dos Trabalhadores reformulou as bases da relação do Estado com a universidade pública. Mesmo respeitando cuidadosamente o espaço de autonomia da universidade, o governo tem feito, de modo crescente, prevalecer seus interesses e sua agenda na condução da

---

1 O trabalho de Bonaccorsi e Thoma (2007) apresenta resultados de uma extensa análise do perfil das patentes registradas na base americana de patentes (USPTO) por grupos de pesquisa da área de nanotecnologia. Os resultados de sua análise indicam que a maior ou menor heterogeneidade institucional interna desses grupos é um fator decisivo para explicar *diferenciais de qualidade das patentes*, medidos em termos de originalidade, escopo de utilização e retorno esperado.

política universitária. A dependência financeira que a universidade pública sempre manteve em relação ao Estado, em especial no que tange a recursos para investimento e para a ampliação de seu quadro funcional, tem sido utilizada com sucesso pelas instâncias decisórias do governo para orientar as mudanças nas universidades federais. O exemplo mais claro nesse sentido é o programa Reuni, que condicionou o acesso da universidade a recursos de investimento à implementação de programas de expansão da oferta de graduação, à adoção de políticas afirmativas e à consecução de metas relativas à proporção aluno/professor etc. Da mesma forma, o Ministério da Educação foi bem-sucedido em sua política para centralizar os processos seletivos de acesso às universidades federais em um único exame institucional, o Enem. Mais recentemente, o Congresso Nacional impôs, com sucesso, uma política uniforme de ação afirmativa, criando cotas para estudantes de escolas públicas e para minorias em todas as universidades federais.

Dessa maneira, pode-se dizer que a governança das universidades públicas brasileiras tem passado por mudanças relevantes no que tange à sua imbricação com o ambiente externo: se, de um lado, pressões internas e mudanças no próprio modo de produção do conhecimento (Gibbons et al., 1994) empurram setores dessas instituições para estabelecer conexões mais complexas com seu entorno societal, por outro lado as dinâmicas postas em curso pelo governo criaram uma realidade híbrida. O novo modelo de governança da universidade brasileira combina o modelo de governança baseado na representação de interesses com o modelo da universidade como instrumento de política nacional. O primeiro modelo está fortemente calcado no dinamismo interno da instituição. A mudança aqui é, em grande parte, fruto da acomodação de interesses divergentes apresentados na instituição. O segundo modelo está fortemente calcado na capacidade do Estado e sua burocracia para orientar as mudanças na universidade através do controle do fluxo de recursos para essa instituição. A composição dessas duas dinâmicas cria fatores relevantes de tensão na relação da instituição universitária com a burocracia estatal.

## A governança das universidades paulistas

É fato bastante reconhecido a situação peculiar das universidades paulistas no contexto nacional: elas são mantidas devido à participação nos recursos arrecadados pelo principal imposto estadual, o Imposto sobre Circulação de Mercadorias e Serviços (ICMS). O acesso das universidades ao montante desses recursos é garantido por decreto e, ao contrário da experiência internacional, não está condicionado por nenhuma meta de desempenho. Nesse sentido, pode-se dizer que as universidades públicas paulistas desfrutam de uma condição de autonomia quase absoluta, raras vezes encontrada na experiência internacional. Apenas as regras mais gerais que condicionam o uso de recursos públicos limitam o uso que as universidades paulistas fazem desses fundos.

Assim, no caso das universidades públicas paulistas, a lógica representativa é, em grande parte, limitada apenas pela força da autoridade acadêmica. Exatamente por isso, essas instituições são particularmente sensíveis às pressões externas que se articulam com essa dimensão: as avaliações da Capes, as regras de competição que cercam os programas de apoio à pesquisa mais competitivos etc. Esse é o fator de pressão central, que vem empurrando as três universidades paulistas para um perfil de alto desempenho científico, e talvez esteja aqui uma das explicações do sucesso dessas três instituições nos rankings internacionais, que focam exatamente essa dimensão da vida universitária.

Entretanto, a leitura que a sociedade (e o governo) faz da universidade pública incorpora um conjunto de expectativas que guarda apenas uma fraca relação com aquilo que é central para a lógica acadêmica. Da universidade pública, a sociedade quer vagas para a educação de seus filhos, serviços para sua comunidade, e inclusive, por que não, lazer nos parques que cercam os câmpus dessas instituições. O governo espera, centralmente, que a universidade aumente a oferta de vagas, multiplique os câmpus para atender aos interesses regionais, tudo isso sem pesar mais no orçamento do Estado.

Essas demandas dão origem a uma pressão importante sobre as universidades públicas paulistas. O modelo ideal que alimenta as dinâmicas internas é a universidade de pesquisa, voltada para sustentar um compromisso intenso de seus acadêmicos com a produção de conhecimento; enquanto o modelo ideal que alimenta as pressões externas é o da universidade de massa, voltada para a reprodução do conhecimento e o atendimento da imensa demanda de formação dos jovens que concluem o ensino secundário no Estado. Ambos os modelos são legítimos, ambos são importantes, mas, no limite, eles são incompatíveis.

Para ser relevante, uma universidade de pesquisa precisa contar com um corpo docente fortemente comprometido com as atividades de pesquisa e pós-graduação. *Isso não significa que a graduação seja irrelevante, mas significa, sim, que a graduação precisa estar integrada a essas duas outras dimensões,* e que uma parte substancial do tempo de trabalho dos acadêmicos será consumida com atividades de pesquisa e produção de conhecimento. Esse fato impõe um limite para a expansão da universidade, decorrente dos custos. Na experiência internacional, as universidades que combinam o modelo de pesquisa com o modelo de atendimento de massa conseguem isso diversificando o perfil de seus acadêmicos: enquanto uma parte dos acadêmicos se dedica à pesquisa em centros e laboratórios ligados à universidade, a grande maioria deles se dedica exclusivamente à docência. Esse é o perfil, por exemplo, da Universidade de Buenos Aires, com seus mais de 300 mil estudantes e um corpo docente formado, majoritariamente, de professores em contrato de tempo parcial.

Compatibilizar as expectativas produzidas por essas demandas externas e internas não é tarefa simples. Ela impõe uma espécie de conversão de valores. Do lado da sociedade, ela supõe identificar e valorizar as múltiplas "utilidades" da universidade: a formação de novos talentos e seu papel relevante nos processos de mobilidade social através da graduação, a produção de competências avançadas pela pós-graduação, a qualificação da mão de obra local, através das atividades de extensão e programas de especialização, a geração de oportunidades de inovação e competitividade criadas pelo aproveitamento do conhecimento produzido pela pesquisa. Do lado da universidade, ela supõe o reconhecimento ativo das demandas colocadas por uma de suas partes interessadas, justamente aquela que não é incorporada pelos processos de representação criados pela democracia universitária: a sociedade ampla, que paga os custos dessa instituição. Reconhecimento ativo que leva a universidade a se ver como protagonista do desenvolvimento regional, sustentando ativamente as diferentes facetas acadêmicas da vida que respondem às diversas necessidades desse desenvolvimento.

Esse redescobrimento mútuo é condição necessária para que a universidade paulista reconstitua as bases do pacto social que sempre legitimou seu lugar no tecido da sociedade regional. Sem esse pacto, as relações entre a universidade, o Estado e a sociedade ficam reduzidas à lógica crua da relação de delegação (Williamson, 1975), tal como descrita nas obras clássicas da literatura neoinstitucionalista: de um lado, a sociedade e o Estado, suspeitando que parte dos múltiplos interesses e atividades desenvolvidos pela comunidade acadêmica comprometem a resposta que ela dá à sua demanda, buscam impor mecanismos de controle estrito. De outro lado, a universidade e seus corpos internos buscam se subtrair aos controles externos, desenvolvendo respostas estratégicas pouco transparentes, que tendem a reforçar o ambiente de suspeição que paira nas relações entre a universidade pública e a sociedade.

O caminho para reconstruir o pacto social entre a universidade pública e a sociedade não tem solução simples nem rápida. Entretanto, parte dela está na reforma de sua governança interna, criando canais institucionais estáveis e legítimos, a partir dos quais a universidade abra o diálogo com a sociedade acerca de seus objetivos de curto, médio e longo prazo.

## Referências bibliográficas

BONACCORSI, A. Explaining Poor Performance of European Science: Institutions versus Policies. *Science and Public Policy*, 34(5), 2007, p.303-16.

BONACCORSI, A. Search Regimes and Industrial Dynamics of Science. *Minerva* 46(4), 2008, p.285-315.

______.; G. THOMA. Institutional Complementarity and Inventive Performance in Nanotechnology. *Research Policy* 36(6), 2007, p.813-31.

CLARK, B.R. *The Higher Education System:* Academic Organization in a Cross-National Perspective. Berkeley: University of California Press, 1983.

COHEN, M. D.; MARCH, J. G.; OLSEN, J. P. A Garbage Can Model of Organizational Choice. *Administrative Science Quarterly,* v.17(1), 1972, p.1-25.

GIBBONS, M. C. et al. *The New Production of Knowledge*. Thousand Oaks: Sage Publications, 1994.

MAASEN, P.; J. OLSEN, J. P. European Debates on the Knowledge Institution: The Modernization of the University at the European Level. In: ______ (Eds.). *University dynamics and European integration*. Springer, kindle ed., 2007. loc.87-376.

POLANYI, M. The Republic of Science. Its Political and Economical Economy. *Minerva* 1(1), 1962, p.54-73.

WILLIAMSON, O. E. *Markets and Hierarchies*. New York: Free Press, 1975.

# 8
# Reflexões sobre o ensino superior no Brasil

*Armando Zeferino Milioni*

## Cenário da educação superior no Brasil em 2005

Em 2005, o Brasil tinha pouco mais de 180 milhões de habitantes, 4,5 milhões de alunos matriculados em educação terciária e 344 mil alunos de Engenharia. Para comparar com o *benchmark* da área, naquele mesmo ano a Coreia do Sul tinha 47 milhões de habitantes, 3,2 milhões de alunos matriculados em educação terciária e quase 1 milhão de alunos de Engenharia (veja a Tabela 1).

Tabela 1. Brasil e Coreia, matrículas em 2005 (dados em milhares)

| País | População | Em educação terciária | Em Engenharia |
|---|---|---|---|
| Brasil | 180.296 | 4.453 | 344,7 |
| Coreia do Sul | 47.033 | 3.210 | 971,7 |

Fonte: Brasil: IBGE e MEC/Inep; Coreia do Sul: Unesco Institute for Statistics.

Ou seja, a Coreia convertia uma população pouco superior a um quarto da brasileira em cerca do triplo do número de estudantes de Engenharia, uma taxa de conversão quase igual a onze vezes a do Brasil. Talvez seja difícil encontrar números mais eloquentes e objetivos que esses para expressar as diferenças entre Brasil e Coreia do Sul neste início de século XXI.

Contudo, o que talvez surpreenda a muitos é que, de acordo com os dados dos censos educacionais do MEC/Inep, ao longo da primeira década deste século a capacidade instalada de ensino superior no Brasil (estimada a partir do quádruplo da oferta de vagas) era de mais de 9 milhões de alunos, o dobro da demanda observada. Não havia falta de vagas, portanto.

Muitos creem que as razões dominantes que explicavam a ociosidade de aproximadamente 50% da capacidade decorriam do fato de que a maciça maioria dessas vagas (mais de 85%) vinha da rede privada.

Conquanto a rede privada seja, naturalmente, legítima parceira da pública na missão de levar a educação superior ao povo brasileiro, as vagas que ela oferecia eram (e continuam a ser) pagas, e a barreira do custo era (e continua a ser) um fator inibidor de matrículas.

Além disso, a oferta de vagas na rede privada era concentrada em alguns poucos cursos de baixo custo de instalação que nem sempre correspondiam ao desejado pela demanda.

Tal situação, aliás, perdura. Como mostra a Tabela 2, dos quase 830 mil diplomas de curso superior presencial concedidos no Brasil em 2013, quase a metade foi conferida em apenas três áreas: Educação (Pedagogia mais Licenciaturas), Direito e Administração (mais Gerenciamento).

Tabela 2. Concluintes em cursos superiores presenciais no Brasil em 2013

| Área de graduação | Número de graduados |
|---|---|
| Educação | 139.914 |
| Direito | 95.045 |
| Administração | 167.380 |
| Subtotal áreas acima | 402.339 |
| Total geral | 829.938 |
| Percentual do subtotal em relação ao total geral: 48,5% | |

Fonte: Sinopse da Educação Superior de 2013, pasta 6.2 – MEC/Inep/Deed.

Nada contra esses cursos em que o Brasil seguramente gradua bacharéis em quantidades ainda aquém de suas necessidades, mas esses números evidenciam o problema da ausência das outras áreas, notadamente as de natureza técnica, onde o país é ainda mais carente.

O papel da rede privada nessa concentração pode ser ilustrado pela análise dos números mostrados na Tabela 3, que também se referem a 2013.

Tabela 3. Concluintes na rede pública e na rede privada

| Área de graduação | Rede pública | Rede privada |
|---|---|---|
| (1) Administração | 15.640 | 151.740 |
| (2) Engenharia Mecânica | 3.535 | 4.235 |
| Relação (1)/(2) | 4,4 | 36 |
| (3) Direito | 13.142 | 81.903 |
| (4) Física | 538 | 37 |
| Relação (3)/(4) | 24 | 2.214 |

Fonte: Sinopse da Educação Superior de 2013, pasta 6.2 – MEC/Inep/Deed.

Naquele ano, para cada bacharel graduado na rede pública em Engenharia Mecânica (incluindo Metalurgia e outras variações) havia 4,4 bacharéis graduados em Administração – algo compreensível, pois os gargalos (equipamentos, laboratórios) da formação em Engenharia são mais restritivos do que os da formação em Administração. Na rede privada, contudo, essa proporção foi mais de oito vezes maior (um para 36).

Ainda, enquanto na rede pública havia 24 bacharéis graduados em Direito para cada bacharel em Física (incluindo Acústica e Astronomia), na rede privada essa proporção foi mais de 90 vezes maior, de um para 2.214! Em anos anteriores, essa proporção chegou a ser de um para mais de 3 mil!

Foram números como os exibidos nas Tabelas 2 e 3 que levaram à concepção e implantação do notável Plano de Reestruturação e Expansão das Universidades Federais (UF), que ficou conhecido como Reuni.

## O Reuni – E uma questão inconveniente

O Reuni foi conduzido entre 2007 e 2012 e alguns de seus resultados podem ser observados a partir dos números apresentados na Tabela 4.

Tabela 4. Evolução na oferta de vagas de ensino superior presencial

| Vagas oferecidas (em 1000) | 2007 | 2012 | Crescimento percentual médio anual no período |
|---|---|---|---|
| Rede pública | 330 | 540 | 10,3% |
| Rede privada | 2.495 | 2.784 | 2,2% |
| TOTAL | 2.824 | 3.324 | 3,3% |
| Universidades federais | 140 | 240 | 11,3% |

Fonte: Sinopses da Educação Superior de 2007 e 2012, pasta 4.2 – MEC/Inep/Deed.

Como registra a referida tabela, em 2007 foram oferecidos 2.824 milhões de vagas de ensino superior presencial em todo o Brasil, das quais 88% (2.495 milhões) pela rede privada. Nos cinco anos seguintes, o sistema como um todo se expandiria a uma taxa média de 3,3% ao ano (a.a.), chegando a 2012 com 3.324 milhões de vagas. A expansão de vagas das redes pública e privada, contudo, seria bastante desigual. Enquanto a última se expandiria a pouco mais de 2% a.a., a primeira iria além de 10% a.a., uma taxa quase cinco vezes maior. E a expansão das vagas da rede pública seria concentrada nas UF, cuja oferta de vagas no período cresceria a uma taxa média superior a 11% a.a.

Outra maneira de medir os resultados do Reuni surge da comparação dos números da Tabela 5 com os apresentados na Tabela 1.

Tabela 5. Brasil e Coreia, matrículas em 2012 (dados em milhares)

| País | População | Em educação terciária | Em Engenharia |
|---|---|---|---|
| Brasil | 193.947 | 5.924 | 865,3 |
| Coreia do Sul | 49.003 | 3.356 | 895,9 |

Fontes: Brasil: IBGE e Sinopse da Educação Superior 2012, pastas 5.1 e 5.2, MEC/Inep; Coreia do Sul: Unesco Institute for Statistics.

Em 2012, os números de estudantes de engenharia do Brasil e da Coreia do Sul já eram muito próximos e a taxa de conversão da Coreia do Sul superava a brasileira não mais em onze vezes, mas em apenas quatro, valor quase um terço do anterior.

Muitos seriam os problemas decorrentes do rápido crescimento das UF, contudo, e os mais visíveis talvez tenham sido os relacionados à infraestrutura. Mas há um aspecto menos comentado que merece igual atenção: o inciso I do Artigo 2º do Decreto 6096, de 24 de abril de 2007, explicita que uma das diretrizes do Reuni é a do aumento das vagas "especialmente no período noturno". Conquanto nobre em princípio, uma vez que aponta para a desejada redução da desigualdade social, um grave problema nacional, talvez essa seja a diretriz que com maior clareza embute um possível paradoxo do Reuni. E tal paradoxo não poderia ter sido mais bem explicitado do que na pergunta que um jovem docente da UFABC (Universidade Federal do ABC) fez a este autor, quando ele era o vice-reitor daquela instituição e presidia uma cerimônia de boas-vindas a docentes recém-admitidos em suas funções. Após assistir à apresentação sobre a universidade, o jovem professor perguntou: "Quando fiz o concurso, fui bastante arguido a respeito do meu histórico como pesquisador. Fui estimulado a crer que esta seria uma instituição voltada à pesquisa. O então reitor nos disse até que esperava que daqui saísse o primeiro brasileiro ganhador de um Prêmio Nobel. Agora sou informado que terei de dar muitas horas de aulas, inclusive à noite, para classes de graduação com mais de cem alunos, e que esse é um objetivo nobre, porque combate a desigualdade social. Não duvido, mas pergunto: dá para fazer as duas coisas ao mesmo tempo, contribuir para a redução da desigualdade social e fazer pesquisa com suficiente profundidade para ganhar o Prêmio Nobel?".

Uma análise detalhada do Reuni foge ao escopo deste texto, mas cumpre reconhecer a pertinência da questão levantada pelo jovem docente.

É interessante, portanto, compreender que existem no mundo alternativas de sistemas públicos de educação superior possivelmente menos vulneráveis ao paradoxo por ele apontado. Um bom exemplo talvez seja o sistema público de educação superior do estado da Califórnia, nos Estados Unidos.

## O sistema de educação superior da Califórnia, Estados Unidos

### Três subsistemas distintos e seus fundamentos

O sistema educacional americano é baseado nos estados, e o estado da Califórnia costuma ser citado como tendo um dos melhores, senão o melhor sistema público de educação superior de todo o país. Lá, o sistema é dividido em três subsistemas: a University of California (UC), a California State University (CSU) e o California Community Colleges (CCC). Dados referentes ao número de alunos e ao corpo docente em cada um desses três subsistemas são apresentados na Tabela 6.

Tabela 6. Alunos em cada subsistema de educação superior na Califórnia

| Sistema | Alunos de graduação | Pós-graduação | Corpo docente |
|---|---|---|---|
| UC | 183.061 | 50.137 | 18.906 |
| CSU | 392.951 | 53.579 | 21.910 |
| CCC | 1.528.443 | N.A. | 56.899 |

Fontes: Número de alunos: para UC, [2]; CSU, [3] e CCC, [4]. Referem-se a 2012, 2013 e 2014, respectivamente. Corpo docente: UC, [5]; CSU, [3] e CCC, [6]. Referem-se a 2010, 2011 e 2013, respectivamente.

Criada em 1868, a UC é o braço do sistema voltado à pesquisa e à pós-graduação, além de oferecer formação em nível de graduação para os melhores alunos formados no sistema de educação secundária do Estado (topo 12,5%). Ao todo são dez câmpus que abrigam 233 mil alunos, sendo 183 mil de graduação (78%). Esses alunos são atendidos por 18,9 mil professores, o que significa que a relação número de alunos de graduação por professor é igual a 9,7 (12,3, se forem incluídos os cerca de 50 mil alunos de pós-graduação).

Criada em 1857 e atualmente contando com 23 unidades, a CSU foi concebida para acolher os estudantes colocados no primeiro tercil (topo 33%) das escolas de nível secundário e formar as grandes massas de profissionais liberais do Estado. Esse subsistema abriga quase 447 mil alunos, sendo que a grande maioria (393 mil, ou 88%) é de graduação. Nem todas as unidades têm cursos de pós-graduação, e onde eles existem são quase sempre apenas de mestrado. Os raros programas de doutorado são oferecidos em conjunto com alguma unidade do subsistema UC e o número total de alunos de doutorado é muito pequeno. Há 21,9 mil docentes, de tal forma que o número de alunos de graduação por professor é igual a 17,9 (20,4, incluídos os quase 54 mil alunos de pós-graduação), ou seja, quase o dobro do observado no subsistema UC.

Finalmente, há o subsistema CCC, que foi formalizado em 1967, a partir da agregação de um número significativo de unidades isoladas existentes à época. Esse subsistema é do tipo *open admition*, o que significa que não há exame de seleção, ou seja, todos os potenciais alunos podem se matricular diretamente nos cursos que lhes interessam, eventualmente obedecendo apenas a uma fila de espera. Os cursos oferecidos são de duração variada, concentrando-se naqueles de dois ou três anos de duração. O CCC abriga mais de 1,5 milhão de alunos, todos de graduação, já que não há cursos de pós-graduação. Dos três subsistemas, esse é o único que oferece cursos noturnos, nos quais estão matriculados 287 mil alunos, ou menos de 20% do total. Os docentes são 57 mil, o que significa que há 27,8 alunos de graduação por professor, quase o triplo do observado no subsistema UC.

## Outros aspectos relevantes de cada subsistema

Como visto acima, a relação entre o número de alunos e de professores em cada subsistema varia bastante. É natural, portanto, que o custo médio por aluno em cada subsistema também varie, e uma estimativa dessa variação pode ser obtida pela observação das anualidades cobradas pelas instituições em cada subsistema. Dados a esse respeito são apresentados na Tabela 7.

Tabela 7. Anualidades (*tuition*) por subsistema

| **Subsistema** | **Anuidade média (em dólares americanos)** |
|---|---|
| UC | $ 12.192 |
| CSU | $ 5.472 |
| CCC | $ 1.104 |

Fonte: https://secure.californiacolleges.edu/Financial_Aid_Planning/Financial_Aid_101/college_cost.aspx.

Os valores apresentados nessa tabela restringem-se à anualidade (*tuition*, ou seja, não consideram outras despesas, como a manutenção do estudante, livros etc.) e referem-se aos alunos filhos de pais residentes no estado da Califórnia, que são a maciça maioria em todos os subsistemas. Filhos de residentes em outros estados ou fora dos Estados Unidos pagam até o triplo disso.

Em números arredondados, os valores aproximam-se das proporções 1 (CCC) para 5 (CSU) para 12 (UC). Ou seja: os alunos do CCC, que são a grande maioria (aproximadamente três em cada quatro – veja a Tabela 6) e também são, frequentemente, os oriundos de famílias de menor poder aquisitivo, acessam o sistema sem exame de seleção e pagam menos de 100 dólares americanos por mês pelos seus estudos. Isso, aliás, desde 1985, pois antes disso o subsistema CCC era gratuito.

É interessante registrar também que os salários dos docentes de mais alto nível, como os *tenured* ou *full professors*, nos três subsistemas se assemelham, evitando fluxos entre os subsistemas. A proporção de docentes temporários e/ou em tempo parcial em cada um deles, contudo, varia bastante.

O custo muito menor do CCC decorre do fato de que a grande maioria (70%) de seus docentes é temporária e se dedica às atividades docentes em tempo parcial, com remuneração atrelada às horas de aula ministradas.

Mesmo no subsistema CSU, quase a metade dos docentes atua em tempo parcial. É apenas no subsistema UC que a proporção de docentes em tempo parcial é pouco significativa.

Dados a respeito dessas divisões entre os docentes de cada subsistema são apresentados na Tabela 8.

Tabela 8. Docentes de cada subsistema de educação superior da Califórnia

| Sistema | Nº de docentes | Perfil dos docentes de cada subsistema | |
|---|---|---|---|
| CCC | 56.899 | *Tenured / Tenure Track*<br>16.953 (30%) | *Temporary*<br>39.946 (70%) |
| CSU | 21.910 | *Full Time*<br>11.329 (52%) | *Part Time*<br>10.581 (48%) |
| UC | 18.896 | N.A. | |

Fontes: UC, [5]; CSU, [3] e CCCS, [6]. Referem-se a 2010, 2011 e 2013, respectivamente.

Há grandes chances de mobilidade de alunos entre os subsistemas. Alunos que ingressam no CCC estão permanentemente aptos a se candidatar a vagas em cursos nas CSU ou UC. Assim, vocações científicas também podem ser despertadas no sistema CCC.

Uma ilustração interessante é o caso de Bruce Merrifield. Ele iniciou suas atividades de graduação no Pasadena Junior College (subsistema CCC), após dois anos transferiu-se para a University of California, em Los Angeles (do subsistema UC) e, em 1984, ganhou o Prêmio Nobel de Química (veja a Tabela 7).

## Ensino superior público: Califórnia e Brasil

### Paralelos preliminares

Em resumo, na Califórnia o subsistema UC, que custa caro (mais do que o dobro do CSU e doze vezes o CCC), é responsável pela formação da elite da graduação e pela pós-graduação e pesquisa de alto nível feita no estado. O subsistema CSU, que tem custo intermediário, forma as massas de profissionais liberais e oferece alguma formação de pós-graduação, mas limitada e proporcionalmente pouco significativa. Por último, o subsistema CCC é aberto a todos, quase gratuito, oferece cursos de graduação de dois a três anos de duração e faculta acesso aos outros subsistemas. Ainda, na CSU e no CCC, a maioria dos docentes atua em tempo parcial.

Estabelecer um paralelo entre os sistemas públicos de educação superior do Brasil e do estado da Califórnia não é uma tarefa fácil, mas talvez não seja uma simplificação de todo grosseira afirmar que as universidades federais (UF) brasileiras tendem a ser vistas pela sociedade e também a se ver como possíveis participantes do modelo UC. Em todas elas há programas de mestrado e doutorado (de fato, pelos critérios do MEC elas nem seriam universidades, se assim não fosse) e todas se comparam a partir das métricas empregadas pelos organizadores dos rankings internacionais de universidades, onde todas gostariam de se ver bem classificadas.

No sistema público federal de educação superior brasileiro, contudo, não há nada que equivalha às CSU ou ao CCC.

Alguns (poucos) paralelos talvez pudessem ser estabelecidos entre os CCC e os Institutos Federais de Educação, Ciência e Tecnologia (IF), que compõem a Rede Federal de Educação Profissional, Científica e Tecnológica. Qualquer tentativa nesse sentido, todavia, além de árdua e duvidosa, seria sobretudo inócua, uma vez que os IF ainda são uma iniciativa modesta em dimensão, como observado nos dados apresentados na Tabela 9.

Tabela 9. Universidades e Institutos Federais – número de alunos

| Abrangência | Número de alunos | Percentagem do total |
|---|---|---|
| Brasil | 6.125.405 | 100% |
| UF | 923.263 | 15,2% |
| IF | 111.668 | 1,8% |

Fonte: Sinopse da educação superior de 2013, pasta 5.1 – MEC/Inep/Deed.

De fato, decorre da análise dos dados dessa tabela que em 2013 o número de alunos matriculados nos IF equivalia a apenas 12% dos matriculados nas UF. Essa, curiosamente, é a proporção exatamente inversa do que ocorre na Califórnia, onde o número de alunos de graduação das UC equivale a 12% dos alunos do CCC (veja dados da Tabela 6).

Na ausência de outros subsistemas, as UF são solicitadas a cumprir os papéis que na Califórnia são desempenhados distintamente pelas UC, CSU e CCC.

## As universidades federais cumprindo todos os papéis

As UF devem oferecer grandes quantidades de cursos noturnos (algo que, no estado da Califórnia, só existe no subsistema CCC). As metas do Reuni estabelecem que a proporção entre o número de alunos de graduação e o número de docentes das UF deve ser igual a 18 (próximo do número observado para a CSU, que é o dobro do observado na UC). Também é atribuição das UF receber e graduar grandes quantidades de alunos (papel das CSU). Finalmente, as UF devem oferecer programas de pós-graduação nos níveis de mestrado e doutorado e devem fazer pesquisa de alto nível (como as UC).

Para cumprir todas essas funções, as UF são estimuladas a contratar docentes com o perfil aproximado dos contratados pelas UC. Os dados da Tabela 10 mostram que, no Brasil como um todo, menos da metade (49%) dos docentes de ensino superior trabalha em tempo parcial, que é a regra na CSU e no CCC. Nas UF, contudo, essa proporção é de 91%, ou seja, bastante elevada, como na UC. Na rede privada, ela é de apenas 25%.

Tabela 10. Perfil dos docentes – regime de trabalho

| Abrangência | Número de docentes | Em tempo integral | Percentagem do total |
|---|---|---|---|
| Brasil | 367.282 | 179.410 | 49% |
| Universidades federais | 95.194 | 86.805 | 91% |
| Rede privada | 212.063 | 52.818 | 25% |

Fonte: Sinopse da educação superior de 2013 – MEC/Inep/Deed.

Da mesma forma, os dados da Tabela 11 registram que apenas um terço dos docentes de ensino superior no Brasil tem a titulação de doutorado, mas, enquanto na rede privada essa proporção é de 18%, nas UF ela chega a quase 60%.

Tabela 11. Perfil dos docentes do ensino superior – titulação (*)

| Abrangência | Número de docentes | Doutorado | Percentagem do total |
|---|---|---|---|
| Brasil | 383.683 | 125.847 | 33% |
| Universidades federais | 101.376 | 58.449 | 58% |
| Rede privada | 217.387 | 39.369 | 18% |

(*) Nesta tabela, os docentes afastados estão incluídos.

Fonte: Sinopse da Educação Superior de 2013, pasta 2.3 - MEC/Inep/Deed.

Nas UF do Sul e Sudeste, onde há maior oferta de candidatos com titulação de doutorado, esse percentual é bem maior, havendo instituições, como a UFABC, em que ela atinge 100%.

A composição de todos os dados apresentados parece conduzir com naturalidade a uma questão crucial: será que manter a expansão das UF é a melhor maneira de dar continuidade ao (necessário) aumento da oferta de vagas de ensino superior público no Brasil? Aliás, a questão levantada pelo jovem docente da UFABC parece guardar relação muito próxima com essa. Sua formulação diferente decorre apenas do olhar do ator específico do processo.

## Reflexões finais

O objetivo do presente texto é muito mais o de ensejar questões do que propor soluções ou conclusões definitivas. Não há nenhum teorema sendo demonstrado e nem é essa a intenção do trabalho. Tampouco existe a intenção de idealizar o sistema público de educação superior do estado da Califórnia, Estados Unidos, e/ou sugerir sua reprodução no Brasil.

Há, todavia, a intenção explícita de levantar uma reflexão em torno do processo de aumento da oferta de vagas de ensino superior público no Brasil.

Há várias razões que dão suporte ao esforço dessa expansão e algumas delas foram apresentadas neste artigo. Além delas, cabe registrar ainda que o Brasil é um país que se situa claramente na contramão do mundo desenvolvido quando o assunto é a dimensão da presença do ensino superior público na sociedade. De fato, em toda a Europa e na América do Norte, além de muitos outros países, especialmente aqueles com os maiores Produtos Internos Brutos (PIB) do mundo, como China, Rússia e Índia, o ensino superior público é absolutamente majoritário, quando não é monopólio estatal. Nos Estados Unidos, por exemplo, três em cada quatro alunos de ensino superior estão matriculados no sistema público, uma relação que tem se mantido estável há várias décadas. E em todos os locais citados, sem exceção, o ensino superior é pesadamente subsidiado, sendo que em muitos países, como vários da Europa, ele permanece gratuito.

Ocorre que em todos esses países há variações no perfil da oferta de vagas, ainda que isso ocorra em diferentes modelos dos quais o estado da Califórnia é apenas um exemplo. Em nenhum deles, entretanto, há a superposição de tarefas designadas a docentes contratados com um único perfil – exatamente o mais caro, aliás –, como ocorre nas UF brasileiras.

Cabe refletir, portanto, sobre as possibilidades de aumento da eficiência do sistema como um todo no Brasil.

Para finalizar, cabe registrar que iniciativas pedagógicas mais recentes, como a dos chamados Bacharelados Interdisciplinares (BI), talvez possam contribuir para que as UF graduem grandes quantidades de bacharéis com uma formação plural obtida em três anos. Com isso, a meta da proporção de 18 alunos de graduação por professor, estabelecida no Reuni, talvez possa até ser atingida.

Mas não foi para concretizar essa meta, é claro, que os BI foram criados, e sim para contribuir na correção de outras distorções pedagógicas do ensino superior brasileiro. Esse, aliás, seria outro tema oportuno que, todavia, por limitação de espaço, fica proposto para futuras discussões, talvez na companhia de outros igualmente relevantes como estes: as cotas são condescendência social ou aperfeiçoamento do processo seletivo? E o ensino superior noturno – outra especificidade (ou idiossincrasia) tipicamente nacional –, é uma oportunidade real ou apenas uma falácia?

## Referências bibliográficas

MEC, Reestruturação e expansão das universidades federais: diretrizes Gerais. 2007. Disponível em: <http://portal.mec.gov.br/sesu/arquivos/pdf/diretrizesreuni.pdf>. Acesso em: 15 jan. 2015.

UCOP. Disponível em: <https://wiki.ucop.edu/display/UC101/About+the+University+of+California>. Acesso em: 15 jan. 2015.

California State University. Profile of CSU employees fall 2011. Long Beach, CA, California State University, 2012. 24p. Disponível em: <http://www.calstate.edu/hr/employee-profile/documents/Fall2011CSUProfiles.pdf>. Acesso em: 15 jan. 2015.

Datamart, Disponível em: <http://datamart.CCCco.edu/Students/Day_Evening_Status.aspx>. Acesso em: 15 jan. 2015.

UCOP. Disponível em: <https://wiki.ucop.edu/display/UC101/Faculty>. Acesso em: 15 jan. 2015.

Datamart. Disponível em: <http://datamart.CCCco.edu/Faculty-Staff/Staff_Demo.aspx>. Acesso em: 15 jan. 2015.

Nobel Prize Foundation. Disponível em: http://www.nobelprize.org/nobel_prizes/chemistry/laureates/1984/merrifield-bio.html>. Acesso em: 20 jan. 2015.

# 9
# TENDÊNCIAS DA EDUCAÇÃO SUPERIOR E AS PERSPECTIVAS E DESAFIOS PARA A GESTÃO

*Teresa Dib Zambon Atvars*[1]

As carências de cobertura do sistema de educação superior na América Latina e no Caribe são objeto de diversos relatórios e de documentos importantes das Nações Unidas[2,3,4,5,6] mostrando a necessidade não apenas de aumento no número de matrículas, mas também de mudança nos currículos dos cursos, dos mais tradicionais e com profissões regulamentadas (que no Brasil são formais e rígidos), ou daqueles a ser pensados para atender demandas futuras.[7]

---

1 Pró-reitoria de Desenvolvimento Universitário, Universidade Estadual de Campinas, Caixa Postal 6.154, Campinas, São Paulo, Brasil. teresa@reitoria.unicamp.br, tatvars@iqm.unicamp.br

2 Education Agenda Post 2015: Latin America and the Caribbean. United Nations, Mexico City, January 29-30 (2013).

3 Educación for all: Beyond 2015. Mapping Current Internacional Actions to Define the Post-2015 Educación and Development Agenda. S. Narayan, United Nations Educational, Scientific and Cultural Organization (2012).

4 Gerstenfeld; Taccari, Anuário Estadístico de América Latina y Caribe, p.1-221.

5 Brunner; Hurtado, Educación Superior em Iberoamérica.

6 Navarro, Desatando nudos entre las Instituiciones de Educación Superior y ala Sociedad, p.63-97.

7 Schwartzman, A educação superior e os desafios do século XXI: uma introdução. In: ______, *A educação superior na América Latina e os desafios do século XXI*, p.15-45.

O Brasil é signatário de tratados internacionais, entre eles aquele que expressa o compromisso dos países com as Nações Unidas em relação a uma educação para um Desenvolvimento Sustentável 2005-2014, no qual se destacou:

> A visão do mundo em que todos devem ter as mesmas oportunidades de receber uma educação e aprender valores, comportamentos e modos de vida necessários para seu futuro sustentável com uma transformação positiva da sociedade (Unesco, 2006).

Além disso, a Conferência Mundial sobre a Educação Superior ocorrida em 2009 em Paris estabeleceu, enfaticamente, que

> a educação é um bem público, estratégico para todos os níveis de ensino, tendo como fundamento a pesquisa, a inovação e a criatividade e atribui aos governos à responsabilidade de implantá-la e de dar a ela o apoio econômico (Unesco, 2009).

A questão da expansão do sistema de educação superior na América Latina e no Caribe é muito complexa e nem sempre os mecanismos criados pelos governos cumprem os objetivos de aumento dos números de matrículas e de formandos, de melhorias na qualidade dos cursos de graduação,[8,9,10,11,12] eficiência das instituições, eficácia no cumprimento da missão social etc. Além disso, as

---

8 Sampaio, Privatização do ensino superior no Brasil: velhas e novas questões. In: Schwartzman (Org.), *A educação superior na América Latina e os desafios do século XXI*, p.139-92.

9 Fernandez; Velasco, *La dimensión social de la educación superior:* universidades socialmente responsables, p.51-7.

10 Ranking universitário organizado pela Universidade Jao Tong de Xangai, 2014.

11 Almeida; Guimarães, Brazil's growing production of scientific articles – how are we doing with review articles and other qualitative indicators?, p.287-315.

12 Dias Sobrinho, *La Educación Superior en Brasil:* principales tendencias y desafios, p.487-507.

estratégias definidas pelos governos nem sempre contribuíram de modo inequívoco para a equidade. Portanto, a expansão sustentável do número de matrículas, com qualidade, com equidade e com pertinência é, sem dúvida, um dos grandes desafios do sistema de educação superior a ser enfrentado nos países da América Latina e do Caribe. Para expandir o sistema com eficiência, eficácia e qualidade, há que se disponibilizar: vagas, mecanismos que favoreçam a conclusão dos cursos dentro de padrões razoáveis de tempo, instrumentos para a qualificação dos cursos com aferição adequada da qualidade, e que a formação se dê dentro de padrões razoáveis de custo. Esse desafio tem componentes acadêmicos, dentre os quais aqueles que envolvem adequação dos currículos visando à melhoria dos processos de formação, implantação de metodologias que facilitem o processo ensino/aprendizagem, criação de mecanismos de aferição da aprendizagem etc. Entretanto, todos eles têm componentes complexos de gestão em vários âmbitos (dos governos aos departamentos de ensino internos às instituições). Em alguns casos, é difícil separar os de gestão dos acadêmicos.

Uma crítica ao processo de expansão das matrículas no ensino superior brasileiro está explicitada em relatórios internacionais com o seguinte diagnóstico: "Muitas instituições de ensino superior (públicas, confessionais e comunitárias) gastam quase como uma universidade de pesquisa, porém não produzem nem captam recursos na mesma proporção". Esse diagnóstico é corroborado por outros tipos de instrumentos de classificação mundial de universidades, que apontam que apenas seis universidades brasileiras figuram entre as melhores quinhentas universidades mundiais. Além disso, os indicadores de pesquisa mostram um substancial aumento na produção nos últimos anos, devido em parte à ampliação no número de revistas brasileiras indexadas, sem o correspondente aumento no impacto da produção visto dentro da perspectiva internacional.[13]

13 Cruz, *Busca pela excelência em universidades no Brasil.*

Dados disponibilizados pelo Inep[14] para o sistema educacional brasileiro mostram que:

1. as taxas de rendimento (aprovação) na média nacional no ensino fundamental evoluíram de 87,6% em 2011 para 89,3% em 2013. A média de atendimento do ensino público foi menor do que a do ensino privado, a das escolas rurais foi menor do que as das escolas urbanas e a média de atendimento da região Sul e Sudeste foi maior do que as das regiões Norte e Nordeste. Em conclusão, a cobertura não está universalizada e há um número significativo de estudantes que não concluem o ensino fundamental.
2. as taxas de rendimento (aprovação) no ensino médio evoluíram de 86,9% em 2011 e 88,2% em 2013, sendo que as do ensino público foram menores do que as do ensino privado, a das escolas rurais foi menor do que as das escolas urbanas e as da região Sul e Sudeste maiores do que as das regiões Norte e Nordeste. A taxa de reprovação oscilou em 2013 entre 11,5% e 11% nas regiões Sudeste e Nordeste, respectivamente, e as de abandono, entre 5,9% e 13,4% nessas mesmas regiões. Em conclusão, a cobertura não está universalizada e há um número significativo de estudantes que não concluem o ensino médio.
3. indicadores para o ensino superior mostraram que entre 1997 e 2007 ocorreu uma expansão de quatro vezes no número de vagas no ensino superior (de 699.198 para 2.823.942), mas a expansão foi de 2,7 vezes no número de concluintes (de 274.384 em 1997 para 756.779 em 2007). Significa dizer que a expansão no número de formandos foi proporcionalmente menor do que a de vagas. Dados da educação superior divul-

---

14 Disponível em: <http://www.portal.inep.gov.br/web/censo-da-educação-básica/evolução> e <http://www.portal.inep.gov.br/web/censo-da-educação-superior/evolução-1980-a-2007>.

gados pelo IBGE em 2012, com base nos dados do PNAD,[15] mostraram que as taxas de escolarização nesse nível seguiram o mesmo tipo de perfil dos níveis anteriores de escolaridade: taxas menores nos estados do Norte e Nordeste comparadas às do Sul e Sudeste numa clara evidência de propagação das deficiências do sistema nos níveis anteriores para os posteriores do sistema educacional (Tabela 1). A taxa ajustada líquida[16] cresceu de 9,8% em 2003 para 15,1% em 2012, concluindo-se que há a necessidade de um enorme crescimento nos próximos anos para que se possa chegar a taxas similares às dos países desenvolvidos, algo em torno de 30-40%.

Em resumo, o sistema brasileiro de educação superior vem crescendo em termos de número de vagas, cresceu com baixa eficiência na relação entre os números de ingressantes e de concluintes, é um sistema que ainda não satisfaz critérios de equidade nem tampouco os critérios de qualidade. Os níveis educacionais formam um sistema integrado e as deficiências de formação do estudante em um nível se propagam e se agravam no nível seguinte de escolaridade. Desse modo, não é difícil se imaginar que as deficiências dos níveis fundamental e médio produzirão grandes defasagens de conhecimento formal no nível seguinte, o da educação superior, o que explica parte do problema da ineficiência do sistema.

---

15 IBGE (2012). Tabela elaborada pela DEED/Inep com base nos dados do PNAD.

16 Definições: Taxa Bruta de Escolarização na Educação Superior: percentual de pessoas que frequentam cursos de graduação na educação superior em relação à população de 18 a 24 anos; Taxa Líquida de Escolarização na Educação Superior: percentual de pessoas de 18 a 24 anos que frequentam cursos de graduação na educação superior em relação à população de 18 a 24 anos; Taxa Líquida Ajustada de Escolarização na Educação Superior: percentual de pessoas de 18 a 24 anos que frequentam cursos de graduação na educação superior ou já concluíram um curso de graduação em relação à população de 18 a 24 anos.

Tabela 1. Algumas taxas de escolarização no ensino superior brasileiro por região. Dados extraídos da referência

| Região | Bruta* | Líquida* | Ajustada Líquida* |
|---|---|---|---|
| Brasil | 28,7% | 18,8% | 15,1% |
| Nordeste | 24,5% | 12,9% | 10,8% |
| Norte | 22,4% | 13,0% | 11,2% |
| Sudeste | 30,9% | 21,1% | 16,6% |
| Sul | 34,5% | 25,0% | 19,8% |
| Centro-Oeste | 35,3% | 24,3% | 19,2% |

* Para definições, veja a nota de rodapé n.16.

Outra característica do sistema de educação superior brasileiro é a diversidade dos tipos e modalidades das instituições, sendo composto por instituições públicas, privadas e confessionais (universidades, institutos de educação superior, faculdades e centros de pesquisa com alguma modalidade de ensino). Além dessa classificação, vários tipos de cursos são ministrados, incluindo a graduação, cursos de pós-graduação *lato* e *stricto sensu*, especializações, cursos técnicos de nível superior e cursos sequenciais. A existência das modalidades presencial, à distância e semipresencial confere complexidade adicional ao sistema. Entretanto, independentemente dessas tipologias, a necessidade de expansão qualificada do sistema de educação superior latino-americano, e dentro dele o sistema brasileiro, é objeto de recomendações em diversos tipos de organismos nacionais e internacionais. A expansão, entretanto, não deveria vir separada da necessária qualidade entendida em seu sentido amplo, incluindo o de ser socialmente pertinente.

Em termos de áreas do conhecimento, o sistema brasileiro de educação superior se caracteriza pela alta quantidade relativa de cursos nas áreas das Ciências Sociais, Negócios, Direito e Educação, quando comparado com outros países da OCDE e com países que atingiram rapidamente altos níveis de desenvolvimento, com substancial aumento do Produto Interno Bruto e de renda *per ca-*

*pita* com redução de desigualdades sociais.[17,18] Algumas iniciativas do governo federal tomadas recentemente buscaram alterar esse quadro, com incentivos à criação de cursos em áreas específicas e com a abertura de oportunidades aos estudantes para a realização de estágios no exterior.[19] Entretanto, seus efeitos ainda não são mensuráveis.

Em resumo, além de expandir o ensino superior, o Brasil precisa melhorar sua qualidade e alterar a proporção de vagas ofertadas nas diversas áreas do conhecimento.

## Desafios da gestão

Alguns autores têm postulado que a educação e, em particular, a educação superior, deve preparar os alunos para o "desenvolvimento sustentável", o que adiciona ao processo educacional três dimensões: o próprio processo de ensino/aprendizagem, a gestão e as relações com a sociedade. Nesse contexto, "a relação com a sociedade deve abordar, concomitantemente, três grandes eixos: o ambiental, o social e o econômico". Nessa abordagem, o sistema de ensino superior deve preocupar-se com a gestão dos processos ensino/aprendizagem e com o processo de formação *per se*, para preparar o aluno para o mundo do trabalho. A gestão do e no ensino superior deve trazer a sustentabilidade como um tema central, multidisciplinar e integrado com a qualidade dos cursos e suas respectivas pertinências.

Pode-se dividir a questão da gestão em dois conjuntos de macroprocessos, um mais afeito às políticas de governo que organizam

---

17 Viotti, National Learning Systems: A new approach on technological change in late industrializing economies and evidences from the cases of Brazil and South Korea, p.653-680.

18 Evans, Government Action, Social Capital and Development: Reviewing the Evidence on Synergy, p.1119-32.

19 Programa Ciência sem Fronteira. Disponível em: <www.cienciasefronteiras.gov.br>. Acesso em: 23 mar. 2015.

o sistema e outro mais afeito aos processos internos às instituições. A definição de como se estabelece o relacionamento com os órgãos governamentais depende da tipologia da instituição. As regras de governança e a interatividade desses dois macroprocessos também dependem dos tipos de relacionamento que existem com os órgãos governamentais. Por exemplo, instituições públicas e instituições privadas estão subordinadas a normas diferenciadas no relacionamento com os governos.

Um dos segmentos importantes do sistema de educação superior brasileiro é o que inclui as universidades públicas, que é gratuito para os alunos de graduação e de pós-graduação *stricto sensu* (mestrado e doutorado). Sua fonte primária de financiamento é o Estado. Além disso, as universidades brasileiras gozam de autonomia por imposição constitucional.

As universidades públicas paulistas formam um subconjunto dentre as universidades públicas brasileiras, pois além de gozarem de autonomia acadêmica e de gestão, são as únicas que exercitam a autonomia com vinculação orçamentária, estabelecida através do Decreto Estadual 29.598 de 2 de fevereiro de 1989. Isso significa que a gestão financeira e orçamentária é de exclusiva responsabilidade de seus gestores, e o orçamento é criticamente dependente da arrecadação do ICMS, um imposto estadual. Portanto, os gestores precisam atuar estrategicamente para garantir a sustentabilidade institucional tanto no âmbito dos processos acadêmicos quanto no âmbito orçamentário. A sustentabilidade financeira e orçamentária das universidades paulistas depende, portanto, do binômio arrecadação de impostos e gestão das demandas internas alinhadas à disponibilidade de recursos.

Essa forma de gestão universitária produziu enormes ganhos acadêmicos, administrativos e de crescimento do sistema universitário paulista, que durante muitos anos esteve mais amplamente sustentado pelo sistema estadual de universidades públicas. A expansão do sistema federal de ensino superior no estado de São Paulo é um processo mais recente e, em boa parte, posterior à expansão do sistema estadual. No caso particular da Unicamp, todos os indicadores de produção tiveram um aumento substancial após a autonomia de gestão com vinculação orçamentária. Alguns exemplos desse substancial aumento de eficiência surgem a partir da evolução de alguns indicadores entre 1988 e 2013: as vagas disponibilizadas no vestibular cresceram de 1.615 para 3.320; o número de alunos graduados cresceu de 917 para 2.249; o número de teses de doutorado aumentou de 134 para 946; o número de trabalhos publicados em revistas internacionais indexadas evoluiu de 301 para 3.149; o número de docentes decresceu de 2.103 para 1.759. O fato de os indicadores de produção acadêmica crescerem substancialmente e o quadro docente decrescer mostram, inequivocamente, que ocorreu um enorme esforço institucional para aperfeiçoar os processos de trabalho, principalmente nas atividades-fim: ensino, pesquisa e extensão.[20] Como decorrência dessa produção qualitativa e quantitativa relevante, a universidade pública paulista compõe o conjunto das melhores instituições públicas do país, com grande credibilidade na sociedade, mas seu custo operacional é alto, o que limita sua capacidade de crescimento.

Apesar desse substancial crescimento, as universidades públicas precisam encontrar novas formas de atuação que permitam, dentro de suas realidades orçamentárias: ampliar vagas; incluir alunos de baixa renda; dar especial ênfase à qualificação do ensino; reduzir o tempo de titulação; aumentar o percentual de cursos nas áreas de formação de professores para a rede pública; alterar os currículos e os métodos de ensino visando à incorporação em todas as carreiras das dimensões sociais/éticas com as ambientais/de sustentabilidade e econômicas na formação profissional; trabalhar administrativamente com mais agilidade; criar um ambiente de trabalho mais dinâmico, com redução de custos operacionais, mais eficiência e rapidez nas respostas às demandas das atividades-fim etc.

20 Anuário Estatístico da Unicamp, 2014.

Esses desafios são grandes porque, em geral, a universidade é conservadora e resistente às mudanças; tem uma baixa capacidade de inovar em assuntos relacionados aos processos ensino-aprendizagem e novos cursos; os processos administrativos estão subordinados a uma legislação inadequada à dinâmica universitária; essa inadequação obriga a universidade a dispor de um quadro extenso de pessoal administrativo para dar conta da burocracia e dos entraves produzidos pela atual legislação; a dimensão dos quadros técnicos pode se tornar incompatível com a sustentabilidade financeira em um cenário de baixo crescimento econômico; as demandas corporativas por recomposições salariais e outros tipos de benefícios são crescentes em um cenário de inflação alta etc. Em contraposição a essa estrutura administrativa burocratizada, o quadro docente gerencia seus projetos de pesquisa com recursos extraorçamentários, principalmente; a gestão desses projetos ocorre com uma dinâmica própria, muito mais ágil, o que cria um contraponto entre a dinâmica do ensino e a dinâmica da pesquisa. Portanto, a gestão das universidades públicas, e em particular a da Unicamp, precisa adquirir um maior dinamismo administrativo e operacional e é necessário ter um olhar especial para as demandas externas.[21]

Todas as questões colocadas anteriormente remetem à necessidade de alteração nas dinâmicas de governança e, em particular, a universidade pública brasileira parece estar atrasada em relação às necessárias mudanças em sua governança. Senão, vejamos: a mudança na governança corporativa nas empresas ocorreu no Brasil na década de 1990 e foi pautada pela necessidade de redução de custos, gerando competitividade para seus produtos. Baseou-se no modelo de gestão da qualidade.[22] Vários segmentos do setor público brasileiro também implantaram algumas mudanças em seus processos de gestão, principalmente nos setores formados pelos órgãos arrecadadores (Receita federal, INSS, Sistemas de Controle Bancá-

---

21 Rosa; Teixeira, Policy Reforms. Trojan Horses, and Imaginary Friends: The Role of External Stakeholders in Internal Quality Assurance Systems, p.219-37.

22 Coulter, *Strategic management in action.*

rios etc.).[23,24] Essas formas mais profissionais de gestão ainda não produziram resultados perceptíveis aos cidadãos em outros órgãos do estado brasileiro.

Conforme mostrado anteriormente, ao exercitarem a autonomia com vinculação orçamentária, as universidades públicas paulistas tiveram um grande amadurecimento na melhoria de seus indicadores de produção acadêmica, mas ainda há dificuldades na implantação de processos eficientes de administração e de planejamento. Essas dificuldades terão de ser superadas, ou por iniciativas próprias ou por imposição da sociedade. É grande a dificuldade de realizar essas modificações em um cenário de fortes restrições orçamentárias somadas às resistências impostas pela cultura organizacional.

Os orçamentos das universidades públicas paulistas estão comprometidos em duas grandes rubricas: pessoal e contratos/outras despesas de utilidade pública (insumos – água, energia; contratos e serviços). Isso significa que há pouca margem para investimentos/expansões das atividades-fim enquanto a arrecadação de ICMS não crescer substancialmente em valores reais. Esse é o cenário que se apresenta desde 2009. Portanto, faz-se necessário que a administração atue de modo a evitar que o quadro de pessoal e as despesas de utilidade pública cresçam de modo não sustentável, evitando impactos negativos nas atividades-fim. Isso requer alterações profundas nas metodologias de trabalho dos profissionais do quadro existente, o que poderia ser feito através da implantação de novos modelos de gestão. Se realizada, por exemplo, de acordo com o modelo de gestão da qualidade, a estrutura gerencial poderá ser alterada e abre-se uma janela de oportunidades para a redução do quadro administrativo no futuro. A Unicamp identificou essa necessidade no início dos anos 2000 e vem formando técnicos em administração com especialização em gestão por processos e em

---

23 Rua, Desafios da administração pública brasileira: governança. autonomia e neutralidade, p.135-54.

24 Bergue, *A redução sociológica no processo de transposição de tecnologias gerenciais:* gestão pela qualidade e certificação ISSO 9001:2000 no Tribunal de Contas do estado do Rio Grande do Sul.

gestão da qualidade.[25] Entretanto, os ganhos na eficiência ainda não ocorreram sistemicamente em toda a administração.

A implantação dos processos de gestão da qualidade e a consolidação dos mesmos apresentam dificuldades que são inerentes às estruturas de universidades públicas. As dificuldades em relação à implantação do processo de gestão da qualidade se devem à impossibilidade de transposição do modelo desenvolvido para empresas privadas e à falta de conhecimento metodológico dos gestores, em geral docentes que ocupam postos onde são tomadas decisões acadêmicas e administrativas. É necessário, portanto, adaptar a metodologia à realidade de cada instituição e qualificar os docentes-gestores em temas que estão fora de suas áreas de especialização. Além disso, para implantar esse tipo de metodologia são necessários: o comprometimento explícito da administração superior e a manutenção do compromisso em sucessivas administrações. Manter esse compromisso é essencial, pois o processo é demorado e ultrapassa a duração de mandato de uma gestão. Isso não é simples, pois estamos subordinados a ciclos de quatro anos de gestão, que podem alterar substancialmente as equipes nos níveis estratégicos da instituição. Entretanto, acreditamos que é possível encontrar formas de fazê-lo, respeitadas as particularidades de cada universidade.[26,27,28]

A Unicamp avançou em alguns aspectos da implantação dos processos baseados na gestão da qualidade. Ocorreram avanços na formação de funcionários através de programas de formação de gerentes em gestão por processos. Entretanto, não se avançou o suficiente na informatização dos processos administrativos, o que está limitando a agilidade necessária para a tomada de decisão.

---

25 Monticelli et al., *Aplicação da gestão por processos nas diversas áreas da Unicamp 2003-2012*.

26 Gestão Estratégica na Unicamp PLANES 2011-2015 e versões anteriores. Disponível em: <www.unicamp.br/cgu>.

27 Costa, *Gestão estratégica*.

28 González et al. *Análisis Estructural Integrativo de Organizaciones Univesitárias:* El Modelo "V" de Evaluación-Planificación como Instrumento para el Mejoramiento Permanente de la Educación Superior.

Avançou-se, também, na parte conceitual da gestão estratégica, sendo que entre 2013-2014 foi implantada uma nova metodologia, que conectou a Avaliação Institucional das Unidades de Ensino e Pesquisas (Institutos e Faculdades) e o Planejamento Estratégico da Unicamp, esquematicamente representada pela Figura 1.[29] A Avaliação Institucional realizada ao longo de 2014 incluiu um capítulo sobre a avaliação da gestão universitária, dos processos administrativos e dos recursos humanos existentes para identificar lacunas e deficiências na gestão de acordo com a percepção das unidades acadêmicas. Esse diagnóstico resultou na proposta de 170 projetos, que deverão compor um plano específico de ações através do qual a administração central deverá atuar (Tabela 2). Esses projetos foram agrupados em temas, que comporão as grandes estratégias da universidade na área de gestão (Tabela 3).

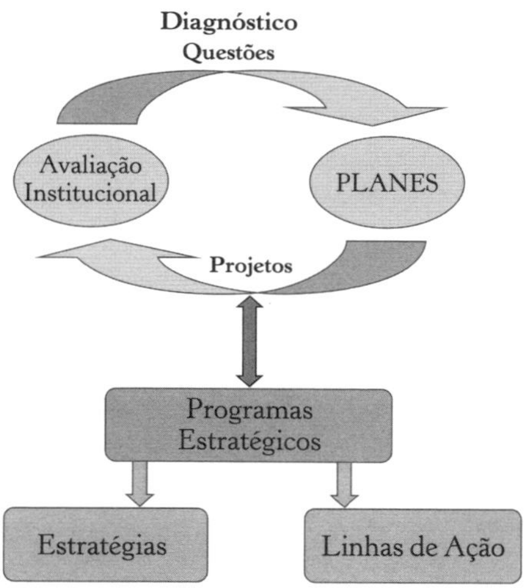


Figura 1. Esquema mostrando a correlação entre o processo de Avaliação Institucional implantado na Unicamp a partir de 2013, os programas estratégicos da universidade e os projetos que se pretende implantar.

29 Atvars, Manuais de orientação e descrição dos processos de Avaliação institucional das Unidades de Ensino e Pesquisas. Disponível em: <www.prdu.unicamp.br_AvaliacaoInstitucional2013>.

Os subprodutos desse processo serão: os manuais de boas práticas da administração; o registro das informações e de protocolos de trabalho, com rastreabilidade e uniformidade das decisões; profundas alterações de procedimentos com redução das etapas de retrabalho em distintos órgãos; a possibilidade futura de redução do quadro administrativo, permitindo que as novas contratações sejam priorizadas no quadro técnico e no quadro docente; a revisão com simplificação dos processos administrativos com possibilidades de redução de quadros e de expansão sustentável das atividades-fim.

Tabela 2. Números de projetos apresentados pelas unidades de ensino e pesquisas no processo de Avaliação Institucional 2014, na área de Gestão, Recursos Humanos e Administração

| **Área de conhecimento** | **Unidade** | **Quantidade projetos** | **%** |
|---|---|---|---|
| Biológicas | FENF | 4 | 2 |
| | FCM | 12 | 7 |
| | IB | 27 | 16 |
| | FEF | 7 | 4 |
| | FOP | 11 | 6 |
| Exatas | IQ | 5 | 3 |
| | IFGW | 4 | 2 |
| | IG | 3 | 2 |
| | IMECC | 0 | 0 |
| Humanidades e Artes | IE | 10 | 6 |
| | IA | 1 | 1 |
| | FE | 14 | 8 |
| | IEL | 3 | 2 |
| | IFCH | 0 | 0 |
| Tecnológicas | FEQ | 1 | 1 |
| | FEEC | 20 | 12 |
| | FEC | 7 | 4 |
| | IC | 15 | 9 |
| | FEM | 3 | 2 |
| | FEAGRI | 3 | 2 |
| | FEA | 6 | 4 |
| | FT | 3 | 2 |
| Multidisciplinar | FCA | 11 | 6 |
| **Total** | | **170** | **100** |

Tabela 3. Classificação dos projetos de planejamento estratégico relacionados à Avaliação Institucional das unidades de ensino e pesquisas, agrupadas por grandes temas, resultantes do processo realizado em 2014

| | | Infraestutura | | Atividades de Gestão | | | Recursos Humanos | | | | Proc. Plan. Estratégico e AI | | Proc. Plan. Estratégico e AI | |
|---|---|---|---|---|---|---|---|---|---|---|---|---|---|---|
| Área de Conhecimento | Unidade | Infraestrutura | Comentários Form. VIII | Estrutura Organizacional | Gestão e Atividades Administrativas | Comentários Form. V | Quadro de Pessoal | Seleção e Avaliação de Docentes | Seleção e Avaliação de Funcionários | Comentários Form. VI | Planejamento Estratégico e AI | Comentários Form. IX | Recursos Orçamentários e Extra | Comentários Form. VII |
| Biológicas | FCM | ○ 1 | ● 0 | ○ 2 | ○ 2 | ◍ 5 | ○ 1 | ○ 1 | ○ 2 | ● 0 | ○ 2 | ● 0 | ○ 1 | ○ 1 |
| | FEF | ○ 1 | ● 0 | ○ 1 | ○ 1 | ● 0 | ● 0 | ○ 1 | ○ 1 | ● 0 | ○ 1 | ● 0 | ○ 2 | ● 0 |
| | FENF | ○ 2 | ● 0 | ○ 2 | ● 0 | ● 0 | ● 0 | ● 0 | ● 0 | ● 0 | ● 0 | ● 0 | ● 0 | ● 0 |
| | FOP | ◍ 5 | ○ 1 | ● 0 | ◍ 4 | ● 0 | ○ 1 | ● 0 | ○ 1 | ● 0 | ● 0 | ● 0 | ● 0 | ● 0 |
| | IB | ◍ 17 | ◍ 16 | ◍ 7 | ◍ 7 | ◍ 6 | ◍ 3 | ○ 2 | ◍ 5 | ◍ 5 | ● 0 | ○ 1 | ● 0 | ● 0 |
| **Total Biológicas** | | **26** | **17** | **12** | **14** | **11** | **5** | **4** | **9** | **5** | **3** | **1** | **3** | **1** |
| Exatas | IFGW | ● 0 | ● 0 | ◍ 3 | ○ 1 | ● 0 | ● 0 | ● 0 | ● 0 | ● 0 | ● 0 | ● 0 | ● 0 | ● 0 |
| | IG | ○ 1 | ● 0 | ● 0 | ○ 1 | ● 0 | ● 0 | ● 0 | ● 0 | ● 0 | ● 0 | ● 0 | ○ 1 | ● 0 |
| | IMECC | ● 0 | ● 0 | ● 0 | ● 0 | ● 0 | ● 0 | ● 0 | ● 0 | ● 0 | ● 0 | ● 0 | ● 0 | ● 0 |
| | IQ | ● 0 | ● 0 | ○ 1 | ○ 2 | ● 0 | ○ 2 | ● 0 | ● 0 | ● 0 | ○ 1 | ● 0 | ○ 1 | ● 0 |
| **Total Exatas** | | **1** | **0** | **4** | **4** | **0** | **2** | **0** | **0** | **0** | **1** | **0** | **2** | **0** |
| Humanidade e Artes | FE | ◍ 5 | ● 0 | ◍ 4 | ◍ 9 | ● 0 | ● 0 | ● 0 | ○ 1 | ● 0 | ● 0 | ● 0 | ● 0 | ● 0 |
| | IA | ○ 1 | ● 0 | ○ 1 | ○ 1 | ● 0 | ● 0 | ● 0 | ○ 1 | ● 0 | ● 0 | ● 0 | ● 0 | ● 0 |
| | IE | ◍ 5 | ● 0 | ○ 1 | ◍ 3 | ● 0 | ○ 1 | ● 0 | ○ 2 | ● 0 | ● 0 | ● 0 | ● 0 | ● 0 |
| | IEL | ○ 2 | ● 0 | ○ 1 | ● 0 | ● 0 | ○ 1 | ● 0 | ○ 1 | ● 0 | ● 0 | ● 0 | ● 0 | ● 0 |
| | IFCH | ● 0 | ● 0 | ● 0 | ● 0 | ● 0 | ● 0 | ● 0 | ● 0 | ● 0 | ● 0 | ● 0 | ● 0 | ● 0 |
| **Total Humanidade e Artes** | | **13** | **0** | **7** | **13** | **0** | **2** | **0** | **5** | **0** | **0** | **0** | **0** | **0** |
| Multidisciplinar | FCA | ○ 2 | ◍ 6 | ● 0 | ○ 2 | ○ 1 | ○ 1 | ○ 1 | ○ 2 | ○ 1 | ● 0 | ● 0 | ● 0 | ● 0 |
| Tecnológicas | FEA | ○ 2 | ○ 1 | ○ 1 | ○ 2 | ● 0 | ● 0 | ○ 1 | ○ 1 | ● 0 | ○ 1 | ● 0 | ● 0 | ● 0 |
| | FEAGRI | ● 0 | ● 0 | ● 0 | ○ 2 | ● 0 | ● 0 | ● 0 | ○ 1 | ● 0 | ● 0 | ● 0 | ● 0 | ● 0 |
| | FEC | ◍ 3 | ● 0 | ○ 1 | ○ 1 | ● 0 | ○ 1 | ○ 1 | ○ 2 | ● 0 | ● 0 | ● 0 | ● 0 | ● 0 |
| | FEEC | ◍ 3 | ● 0 | ○ 2 | ◍ 4 | ○ 1 | ○ 1 | ● 0 | ◍ 8 | ○ 2 | ○ 2 | ● 0 | ● 0 | ○ 1 |
| | FEM | ● 0 | ● 0 | ○ 2 | ◍ 3 | ● 0 | ● 0 | ● 0 | ● 0 | ● 0 | ● 0 | ● 0 | ● 0 | ● 0 |
| | FEQ | ● 0 | ● 0 | ● 0 | ○ 1 | ● 0 | ● 0 | ● 0 | ○ 1 | ● 0 | ● 0 | ● 0 | ● 0 | ● 0 |
| | FT | ○ 1 | ● 0 | ○ 1 | ○ 1 | ● 0 | ○ 1 | ● 0 | ● 0 | ● 0 | ● 0 | ● 0 | ● 0 | ● 0 |
| | IC | ◍ 10 | ● 0 | ● 0 | ◍ 3 | ● 0 | ○ 1 | ○ 1 | ◍ 4 | ● 0 | ● 0 | ● 0 | ● 0 | ● 0 |
| **Total Tecnológicas** | | **19** | **1** | **7** | **17** | **1** | **4** | **3** | **17** | **2** | **3** | **0** | **0** | **1** |
| **Total** | | **61** | **24** | **30** | **50** | **13** | **14** | **8** | **33** | **8** | **7** | **1** | **5** | **2** |

Legenda:
● 0 | ○ < 3 | ◍ > = 3

## Conclusões

A Unicamp está analisando o atual cenário econômico para buscar, de modo sustentável, um plano de expansão que permita cumprir sua missão. Isso requer um enorme cuidado na tomada de decisões na atual situação econômica do país. Entretanto, tendo construído uma proposta de avaliação institucional vinculada ao seu planejamento estratégico, será possível identificar oportunidades de expansão com sustentabilidade de longo prazo. Uma das estratégias a ser perseguida é a redução das despesas das grandes rubricas orçamentárias, o que irá requerer uma profunda revisão, com simplificação dos processos administrativos.

## Agradecimentos

Aos corpos técnicos da Pró-Reitoria de Desenvolvimento Universitário e da Divisão de Informática da diretoria geral de Recursos Humanos da Unicamp, pelo desenvolvimento do sistema AI e S-Integra.

# Parte III

# 10
# Novas estruturas para a universidade do futuro

*Helio Waldman*

*We cannot solve our problems with the same thinking we used when we created them.*

Albert Einstein, 1879-1955

## O contexto mundial

Em 2088, a Universidade de Bolonha, geralmente considerada a mais antiga do Ocidente, comemorará mil anos de existência, fazendo da universidade uma instituição milenar. Durante seu primeiro milênio, a academia transformou profundamente as sociedades em que atuou. No início, isso se deu através da disseminação do conhecimento clássico, cuja produção a precedeu. A partir do século XVII, ela passa a disseminar também conhecimentos novos, produzidos a partir da perspectiva da ciência moderna, introduzida por Galileu Galilei.

Ao contrário dos conhecimentos clássicos, que formavam um corpo acabado e estático de ensinamentos e narrativas, os conhecimentos produzidos a partir da física newtoniana e da metodologia científica apresentam uma dinâmica própria, em que cada avanço gera novas questões, que requerem mais observações, mais modelagem matemática – e por conseguinte mais matemática –, e assim por diante. A necessidade de avançar com segurança nesse processo requer a sistematização dos novos conhecimentos em disciplinas especializadas, cujo número só tende a aumentar exponencialmente com o tempo.

A dinâmica da multiplicação infindável das disciplinas repercutiu naturalmente sobre a cultura científica, gerando perplexidades e induzindo sucessivas propostas de enfrentamento. Já no século XVIII, ficou clara a necessidade de renunciar ao ideal do conhecimento enciclopédico, que tanto inspirara os sábios da Antiguidade. Os cientistas passaram então a se especializar: alguns eram físicos, outros químicos, matemáticos etc.

Era natural que essa reorganização do conhecimento, atribuindo cada vez mais centralidade às ciências naturais, agora livres dos postulados aristotélicos, tivesse reflexos sobre a organização e o próprio escopo da universidade. Foi nesse contexto que, em 1810, por ocasião da criação da Universidade de Berlim, o filósofo Humboldt propõe uma nova concepção de universidade, voltada para a *produção* de conhecimentos científicos, e não simplesmente sua disseminação e "consumo". Assim, a instituição universitária, criada na Idade Média para se dedicar exclusivamente à perpetuação de um corpo acabado de conhecimentos legados pelos clássicos, amplia seu escopo e renova sua missão, propondo-se a questionar e renovar esses conhecimentos, substituindo-os por teorias refutáveis permanentemente expostas a dúvidas, experimentos, observações, refinamentos e depurações. É nesse processo que a universidade deveria então preparar novas gerações de cientistas para perpetuar esse afã de destruição criativa, e não mais um conhecimento morto.

O modelo humboldtiano se difundiu pela Europa durante o século XIX, chegando no final do século aos Estados Unidos, onde iria gerar a chamada universidade de pesquisa, centrada na investigação científica, articulada a um ensino voltado primordialmente para a formação de novos cientistas, ou seja, para a realimentação de um universo acadêmico em permanente expansão. Com a vitória americana nas duas guerras mundiais do século XX e na Guerra

Fria que se seguiu, esse modelo passou a se disseminar pelo mundo, pelo menos como referência de qualidade.

Durante o século XX, o desenvolvimento científico passou por transformações modais que aprofundaram ainda mais esse modelo, alterando significativamente a forma como o conhecimento é produzido e apropriado pelos cientistas e pela sociedade leiga. A partir do método científico, a Teoria da Relatividade e a Física Quântica criaram novas representações do mundo, que nos afastam de noções comuns ao nosso cotidiano, como o absolutismo do tempo e o determinismo dos fenômenos físicos. Entretanto, ao captar com fidelidade o comportamento da matéria em dimensões micro e nanométricas, elas nos ajudam a processar a matéria a partir do nível atômico, extraindo dela energia e informação em quantidades capazes de ampliar os limites da ação humana como nunca se viu. Essas oportunidades incentivaram o estabelecimento de uma forte sinergia entre a ciência e a tecnologia, gerando uma articulação entre ambas que perdura até hoje.

Durante a primeira metade do século XX, essa sinergia foi acelerada principalmente pelo esforço de guerra, intermediado pelas grandes corporações dos principais países combatentes. O uso da ciência para fins bélicos teve seu triste auge em 1945 com a explosão de duas bombas atômicas sobre as cidades japonesas de Hiroshima e Nagasaki, com o fim de acelerar a rendição do Japão. Ao justificar a rendição pelo rádio, o imperador Hirohito afirmou: "O inimigo começou a empregar uma bomba nova e extremamente cruel. A resistência levaria à extinção total da civilização humana". Sem deixar de ser reconhecida como uma esperança, a ciência passava a ser vista também como uma ameaça, e assim continua até hoje.

Em 1944, a guerra já acabava na Europa, o que gerou um debate sobre o papel da ciência na construção de uma paz duradoura, e como dar continuidade sustentável ao desenvolvimento científico e tecnológico em tempos de paz. O presidente Roosevelt pede então a Vannevar Bush, que dirigia o Office of Scientific Research and Development, para realizar consultas e elaborar um parecer sobre essa questão. Esse parecer foi publicado em julho de 1945 sob a forma de um relatório intitulado "Science, the Endless Frontier" [Ciência, a fronteira sem fim],[1] que acabou dando as linhas mestras da organização do empreendimento científico-tecnológico que nos foi legado pelo século XX. Nele, Bush faz uma distinção inédita entre pesquisa básica e pesquisa aplicada, para então propor mecanismos distintos de financiamento das pesquisas e apropriação de seus resultados. Ele sugere que o governo apoie a pesquisa básica diretamente nas universidades de pesquisa, que para isso deveriam atrair para si os melhores talentos; e que apoie as pesquisas aplicadas nas grandes empresas apenas indiretamente, através de incentivos fiscais e da manutenção de um sistema de patentes, deixando que elas direcionem suas pesquisas segundo a lógica de mercado que lhes é própria.

A adoção desse modelo levou à criação da National Science Foundation em 1950, fornecendo uma referência de fomento à pesquisa acadêmica seguida em muitos outros países, inclusive no Brasil. Pelo lado empresarial, o modelo gerou um grande aumento das inovações voltadas para a vida civil, incorporadas a produtos lançados no mercado, que melhoraram a qualidade da vida de seus usuários e aumentaram significativamente a produtividade. Por outro lado, o impacto ambiental das indústrias de transformação e do consumo de combustíveis fósseis atingiu escala planetária, gerando risco de catástrofes. Aqui mesmo em nosso estado, vivemos uma inédita emergência hídrica resultante de um desastre ambiental com contornos climatológicos e florestais: enquanto o menor ingresso médio anual de água no reservatório Cantareira, entre 1930 e 2013, foi de 24,5 $m^3/s$ (em 1953), em 2014 foi de apenas 10,9 $m^3/s$.[2]

Essas circunstâncias erodem a confiança na ciência, inserida como está no sistema produtivo, como fator de emancipação humana. A pobreza foi combatida, mas isso não está impedindo o aumento das desigualdades no mundo, e de certa maneira forneceu

---

1 Disponível em: <https://www.nsf.gov/od/lpa/nsf50/vbush1945.htm>.

2 Disponível em: <http://www.economist.com/blogs/graphicdetail/2015/03/sao-paulo-drought>.

um álibi para elas. Há perda de protagonismo social e individual, agravada por evidências de que novas tecnologias invadem a privacidade das pessoas, submetendo-as a velada ingerência sobre suas escolhas. E o espectro da guerra, sempre com novas tecnologias, voltou a turvar o horizonte da humanidade, gerando levas de refugiados em número nunca visto desde o final da Segunda Guerra Mundial.

## A crise da disciplinaridade

Os impasses gerados pelo modelo legado de apropriação dos novos conhecimentos científicos levam naturalmente ao reexame da organização da produção e reprodução desses conhecimentos, e por conseguinte à crítica do papel desempenhado pelas universidades e outros atores, como as editoras científicas, nesse processo. Daí a moderna tendência de questionar a centralidade do conhecimento disciplinar e sua sustentabilidade.

Na Idade Média, eram sete as disciplinas consideradas essenciais a uma formação superior: três delas formavam o *trivium*, e as outras quatro o *quadrivium*. Hoje, ninguém sabe exatamente quantas disciplinas existem, e sempre surgem mais, pois elas nascem umas das outras, num processo sem fim. É verdade que, na área tecnológica, há um processo de obsolescência que poderia ser associado a uma "mortalidade" de disciplinas. Frequentemente, porém, a obsolescência está associada ao encapsulamento (físico ou virtual) de uma certa tecnologia em outras que a reutilizam como "caixa preta", tornando-a invisível mas não necessariamente morta.

O modelo legado se sustenta assim no crescimento exponencial do conhecimento especializado. No século passado, quando isso ficou evidente, a primeira reação foi a de criar novos cursos especializados de formação superior, conforme novas especialidades surgiam, dentro da lógica de graduar especialistas diplomados (e portanto "vitalícios") para cada especialidade. Na Engenharia, por exemplo, o advento da eletricidade e a multiplicação de suas aplicações gerou a Engenharia Elétrica, que se separou da Engenharia Eletromecânica, que se diferenciou da Engenharia Civil. A multiplicação de processos e materiais gerou a Engenharia Química e a Engenharia de Materiais, cada uma delas com suas inúmeras ramificações, e assim por diante. É evidente, porém, que o número e a variedade de cientistas e especialistas não pode crescer exponencialmente para sempre, pois já há uma estabilização populacional em curso, especialmente nos países mais avançados, onde a população jovem já está em declínio, e a atração de talentos jovens para a ciência também.

Cabe ressaltar ainda que as novas disciplinas tecnológicas não nascem para resolver problemas específicos. Elas nascem para apontar, indicar ou construir novas funcionalidades a partir da manipulação da energia ou da informação em novos materiais. A identificação de problemas reais a ser resolvidos por essas novas funcionalidades seria a missão da pesquisa aplicada. Segundo o modelo proposto por Vannevar Bush, essa missão deve ser entregue às empresas, que naturalmente são orientadas pelo "mercado". Assim, não há nenhuma garantia de que alguns problemas não permaneçam órfãos, ou de que algumas "soluções" engendradas pela indústria só resolvam problemas que precisem ser "inventados" ou exagerados pela indústria da publicidade. Não é coincidência que a publicidade tenha nascido no século XX.

Na prática, o aumento da escala das soluções de mercado, além de deixar alguns problemas órfãos, ainda cria novos problemas através do acúmulo de externalidades, como a poluição do ar e da água, as mudanças climáticas etc. Recentemente, por exemplo, verificou-se que o número de automóveis circulando pelo planeta atingiu a impressionante marca de 1 bilhão (dos quais 1% em São Paulo), apenas 26 anos após ter alcançado meio bilhão. Pela lógica do mercado, o próximo passo será chegarmos a 2 bilhões de carros em 2040, 4 bilhões em 2065, e assim por diante, mas o planeta suporta? As cidades suportam? São questões que pareciam distantes no século XX, mas que não podem mais continuar sem resposta. Por isso, repensar o modelo de apropriação dos conhecimentos científicos, referenciando-os aos dilemas do nosso tempo sem se subordinar à miopia do mercado, tornou-se imperioso.

A crise da disciplinaridade não deriva portanto apenas de sua insustentabilidade interna, mas também da cisão, inerente ao modelo legado pelo pós-guerra, entre a ciência produzida nas universidades e as inovações produzidas nas empresas sob a batuta do mercado. Para superá-la, é necessário que as disciplinas dialoguem entre si para dar conta da complexidade das questões não resolvidas pelo modelo, bem como daquelas que ele agravou, mas só isso não é suficiente. É preciso também que as universidades se abram para o diálogo direto com a comunidade, para que as atenções se voltem aos problemas do cotidiano social, permitindo que eles ocupem um lugar central e referencial na agenda universitária.

A crise é portanto complexa, tem mais que uma vertente, e sua solução demandaria muito tempo e discussão se não fosse urgente. Ela não diz respeito apenas nem principalmente à estrutura da universidade, mas também ao seu escopo e inserção no sistema de produção de conhecimento e inovações, que também está em crise. A complexidade nos impede de alinhavar uma solução, mas nos permite vislumbrar que ela estará filiada a um novo paradigma do conhecimento, que já responde pelo nome de *interdisciplinaridade*.[3]

Não é possível definir um paradigma antes de ele nascer, e não é necessário fazê-lo depois, pois os paradigmas são simplesmente vividos: eles nos definem, e não o contrário. Por isso, não arriscaremos uma definição formal ou construtiva da interdisciplinaridade. Contentamo-nos em dizer que a interdisciplinaridade é, ou será, a superação da crise da disciplinaridade, qualquer que ela seja. Como qualquer novo paradigma, ele emerge de uma miríade de iniciativas que buscam a solução da crise, e do balanço de seus sucessos e fracassos. Assim sendo, o que está em movimento não é um projeto predefinido, mas sim a construção de um novo projeto de ciência e de universidade para os novos tempos.

---

3 R. Frodeman, *Sustainable Knowledge:* a Theory of Interdisciplinarity.

Nesses termos, não há como duvidar que o futuro da ciência, e por conseguinte das universidades, será interdisciplinar. Basta apenas constatar que o modelo disciplinar tende a desmoronar sob seu próprio peso e hermetismo, e se lançar na tarefa de substituí-lo por algo melhor, aceitando o risco de errar, mas rejeitando o desastre proposto pela inação, pelo "mais do mesmo". Aceitemo-nos portanto como artífices da história, lançando ou apoiando iniciativas que aproximem a ciência das pessoas, seja para iluminar e mitigar sua condição, seja para resgatar as virtuosas origens socráticas do próprio pensamento científico.

## O contexto brasileiro

Nas Américas, o período colonial iniciado no século XVI foi marcado pela criação de algumas universidades nas colônias espanholas e inglesas, com a finalidade de formar as elites locais, seguindo naturalmente o modelo medieval que ainda prevalecia na Europa. A metrópole portuguesa, porém, preferiu trilhar outro caminho, formando as (pequenas) elites brasileiras na Universidade de Coimbra, fundada em 1290, uma das mais antigas da Europa. Essa postura colonial, infelizmente mantida pelo governo imperial e até pela República Velha, fez do Brasil um país muito tardio nas lides acadêmicas, iniciando o século XX com grande atraso não só em relação aos países mais avançados, mas também no contexto da região latino-americana à qual pertencemos por afinidades culturais e geográficas.

O primeiro passo para sair dessa verdadeira letargia intelectual foi dado em 1934, com a criação da USP em São Paulo. Assim, faz menos de um século que o Brasil decidiu, embora timidamente, juntar-se a uma aventura quase milenar da humanidade, "pegando este bonde andando", por assim dizer. A iniciativa paulista foi seguida por outros estados da nação, geralmente com apoio federal. Universidades particulares e confessionais também foram criadas, gerando um parque diversificado, porém rarefeito, de instituições de ensino superior. Durante a maior parte do século XX, menos que 1% dos jovens na faixa etária dos 18 aos 24 anos estudava em alguma universidade. Só no início da última década esse percentual chegou a 4%, para virar o século em 8%.

De um modo geral, as universidades brasileiras foram criadas para incrementar e organizar melhor a formação de profissionais de nível superior, até então a cargo de instituições isoladas, e complementá-la com uma pequena classe intelectual capaz de dotar o país de alguma autonomia de pensamento. O componente da pesquisa foi induzido de fora para dentro das universidades a partir dos anos 1970, com a criação e expansão da pós-graduação, basicamente estimulada e orquestrada pela Capes e pelo MEC. A contrapartida das universidades foi o estabelecimento e a concessão do regime de tempo integral e dedicação exclusiva aos docentes pesquisadores. O fomento à pesquisa, essencial para o desenvolvimento de uma cultura científica, já havia começado em meados do século com a criação do CNPq. No estado de São Paulo, essas funções foram reforçadas com a criação da Fapesp nos anos 1960, adotada como referência por outros estados ao longo das décadas seguintes.

Com o ensino pautado pelas exigências conteudistas das corporações profissionais, e a pesquisa referenciada pela linha editorial dos periódicos internacionais, por sua vez dominados pela agenda científica globalizada (também conhecida como o *mainstream*), a articulação entre o ensino e a pesquisa resultou muito fraca, deixando as universidades geralmente aquém da visão humboldtiana. Mesmo assim o balanço do século foi positivo, pois a pós-graduação brasileira tornou-se uma referência no espaço latino-americano e o Brasil ganhou visibilidade na ciência mundial.

A primeira década do século XXI dobrou novamente o número de jovens entre 18 e 24 anos nas universidades brasileiras, chegando a cerca de 15%. O Plano Nacional de Educação (PNE), recentemente aprovado pelo Congresso Nacional, prevê que esse percentual chegue a 33% em 2024. Esses números deixam claro que não estamos diante de uma mudança incremental. Trata-se de uma mudança de escala, que requer transformações modais e reflete o desejo de protagonismo de uma nova classe média. Para corresponder a esse saudável anseio social, os setores público e privado se associaram em programas como o Prouni e o Fies.

O setor público reconheceu também a necessidade de experimentar novos modelos para a estrutura das universidades federais, a fim de abrir mais espaço institucional para a perspectiva interdisciplinar no ensino, na pesquisa e na extensão. Com esse propósito, foi criado o Programa de Reestruturação e Expansão das Universidades Federais, o Reuni. Na prática, porém, as exigências da expansão acabaram monopolizando as energias das universidades participantes desse programa, de maneira que pouco se avançou em sua reestruturação. Um passo importante, porém, foi tomado através de uma iniciativa paralela, lançada logo a seguir: foi a criação da Universidade Federal do ABC (UFABC), em 2005.

Iniciando suas atividades em Santo André no ano seguinte, a UFABC introduziu no país uma nova concepção do ensino superior, que dá prioridade e precedência à formação interdisciplinar dos alunos. Nessa concepção, a marca distintiva e duradoura de uma formação superior é a graduação em um Bacharelado Interdisciplinar (BI). Assim, ao ingressar na universidade, o aluno não opta por uma carreira, mas sim por uma formação interdisciplinar focada em uma grande área do conhecimento. O primeiro BI oferecido pela UFABC em 2006 foi na área de Ciência e Tecnologia. A partir de 2010, a UFABC passou a oferecer também um BI na área de Ciências e Humanidades. Esses cursos têm uma duração ideal de três anos, e fornecem ao seu concluinte um diploma de bacharel que atesta seu nível superior, caracterizado pela capacidade de pensamento crítico e autonomia intelectual, de entender e acompanhar os dilemas contemporâneos e de dialogar com o mundo da pesquisa na área de seu BI.

Concluído o BI ou até antes disso, em uma fase suficientemente avançada do curso, o aluno poderá optar por um ou mais dos seguintes prosseguimentos: o mercado de trabalho, onde poderá se apresentar como analista na área de seu BI, ou como *trainee* qualificado, para ser profissionalizado na própria empresa; um curso de pós-graduação, especialmente se estiver interessado em uma carreira acadêmica; ou um curso de formação específica, se estiver interessado em uma profissão de nível superior com afinidade ao BI cursado.

Para viabilizar as duas últimas opções, a própria UFABC oferece diversos programas de formação específica, inclusive oito cursos de Engenharia e de pós-graduação.[4] O grande diferencial do novo modelo é o Bacharelado Interdisciplinar, que vem sendo adotado também por outras universidades federais. As matrículas em BIs, porém, ainda correspondem a menos que 2% do total de matrículas no país, de maneira que a implantação desse modelo em escala nacional ainda é incipiente. Com menos de uma década de vida na universidade brasileira, o sistema se mostrou capaz de atrair e reter o talento jovem, mas só recentemente começou a colocar formandos no mercado de trabalho, onde estão sendo bem recebidos, mas ainda são pouco conhecidos. Precisamos de mais uma década para que os empregadores, e a sociedade em geral, se deem conta do potencial inovador da universidade interdisciplinar, animando a implantação desse modelo numa escala sistêmica.

## A estrutura departamental em cheque

Para dar sustentação à centralidade do conhecimento disciplinar, as universidades adotaram inicialmente uma estrutura baseada em cátedras associadas a disciplinas específicas. Esse sistema se desmoralizou com o tempo, seja por abrigar uma tendência ao autoritarismo, seja por inibir a própria multiplicação de disciplinas, gerando um conhecimento demasiadamente hermético e estanque.

Nas reformas que se seguiram ao pós-guerra do século XX, a maioria das universidades aposentou a cátedra em favor de uma estrutura baseada em departamentos, considerada mais democrática. De fato, o departamento veio diluir a autoridade do catedrático

4 Disponível em: <http://www.ufabc.edu.br>.

por seus membros. Para quem está fora da universidade, porém, essa mudança não foi sequer percebida, pois a estrutura continuou referenciada a si mesma, sendo escasso, e basicamente voluntário, o comprometimento com as questões contemporâneas. Além disso, a departamentalização inibe o diálogo com outras áreas disciplinares, onde reside justamente a expectativa de solução ou mitigação de muitas dessas questões.

Como os departamentos são referenciados a disciplinas ou áreas disciplinares, a crise da disciplinaridade tende a esvaziar seu protagonismo científico. Como o protagonismo social já era fraco na origem, o esvaziamento adquire então uma dimensão existencial, reduzindo o departamento às suas funções burocráticas, que, se não são poucas, deveriam ser. Por isso, universidades novas que desejem se filiar ao movimento pela interdisciplinaridade geralmente preferem não se estruturar em departamentos, como foi o caso da UFABC.

## Estruturas não departamentais: o caso da UFABC

A UFABC não é estruturada em departamentos. Os docentes são lotados em três centros interdisciplinares e multicâmpus, com um recorte metodológico e cultural:

- o Centro de Engenharia, Modelagem e Ciências Sociais Aplicadas (CECS);
- o Centro de Ciências Naturais e Humanas (CCNH); e
- o Centro de Matemática, Computação e Cognição (CMCC).

Todos os centros colaboram com a Pró-Reitoria de Graduação na oferta dos dois bacharelados interdisciplinares: o bacharelado em Ciência e Tecnologia (BCT) e o bacharelado em Ciências e Humanidades (BCH). Além disso, cada centro é responsável por um elenco de cursos de formação específica, que podem ter afinidade com o BCT ou com o BCH, contando com a colaboração dos demais centros nesse mister.

No caso dos oito cursos de Engenharia oferecidos pelo CECS, não foi adotado o recorte disciplinar das Engenharias "tradicionais", focadas em fenomenologias físicas (elétricas, mecânicas, químicas etc.) criadas no século passado. Ao invés disso, foram privilegiados percursos formativos sobre grandezas críticas para a sociedade moderna (Energia, Informação, Materiais) e tecnologias críticas para sua organização (Gestão, Cidades e Ambiente, Automação e Robótica, Aeronáutica e Espaço, Biomedicina), apoiados pela formação interdisciplinar obtida no BCT.

É interessante observar que os três centros abrigam um compromisso com as Humanidades, ou pelo menos com algumas *soft sciences*, evitando-se assim o confinamento das Humanidades em um centro próprio. Esse arranjo tem a virtude de buscar a superação do divórcio entre a cultura humanística e a cultura científico-tecnológica, que está na origem de tantos problemas do nosso tempo.

A ausência de departamentos evita o entrincheiramento das disciplinas, e permite, mas não garante nem estimula, a prática da interdisciplinaridade. Para isso, a universidade deve criar e apoiar estruturas de nucleação de estudos interdisciplinares voltados para fronteiras do conhecimento e questões contemporâneas, abertas à participação de todos os docentes. Com esse fim, a UFABC apoiou, desde o início, as atividades de seu Núcleo Interdisciplinar de Cognição e Sistemas Complexos (NCSC). Em menos de uma década de existência, o NCSC mobilizou a participação de cientistas com perfis disciplinares diversificados para apoiar pesquisas nessa área e propor, com sucesso, a implantação de um programa de pós-graduação e, mais recentemente, de graduação em neurociências, que deverá formar neurocientistas para um mercado de trabalho ainda carente desses profissionais.

No sentido de incentivar a realização de estudos interdisciplinares voltados para a realidade social e econômica da região, a UFABC criou também o Núcleo de Ciência, Tecnologia e Sociedade (NCTS). Mais recentemente, animada pelo sucesso do NCSC e do NCTS, a UFABC decidiu ampliar essa abordagem com a criação de mais três núcleos interdisciplinares:

- Núcleo de Estudos Estratégicos sobre Democracia, Desenvolvimento e Sustentabilidade (NEEDDS);
- Núcleo de Bioquímica e Biotecnologia (NBB); e
- Núcleo de Universos Virtuais, Entretenimento e Mobilidade (NUVEM).

Ao contrário dos centros, que são permanentes, os núcleos têm existência precária, devendo ser renovados a cada três anos, de maneira a refletir sua própria maturação e desempenho, e a volatilidade do cenário científico, tecnológico, social e econômico. Ao longo de suas vidas, porém, eles poderão e deverão propor o estabelecimento de estruturas mais ou menos permanentes, como programas de graduação e pós-graduação, extensão e pesquisa, bem como parcerias que os apoiem e perenizem.

A implantação plena da interdisciplinaridade depende de estruturas que coloquem as grandes questões da sociedade contemporânea no centro da agenda acadêmica, atribuindo às disciplinas o papel instrumental que lhes caiba. O contorno institucional dessas novas estruturas ainda não está claro, mas esperamos que o trabalho dos núcleos interdisciplinares nos permita avançar com segurança em sua institucionalização.

# 11
# O PAPEL DOS DEPARTAMENTOS E SEUS GESTORES NA UNIVERSIDADE PÚBLICA BRASILEIRA: A EXPERIÊNCIA DO DEPARTAMENTO DE GINECOLOGIA E OBSTETRÍCIA DA FACULDADE DE MEDICINA DE RIBEIRÃO PRETO – USP

*Marcos Felipe Silva de Sá*

Nos anos 1960, as universidades brasileiras passaram por uma ampla reestruturação visando aumentar sua eficiência e produtividade. Na chamada Reforma Universitária existe um ponto que merece destaque e que foi motivo de amplos debates entre os acadêmicos: a instituição do sistema departamental em substituição às cátedras.

Com a extinção da cátedra, a maioria das universidades públicas optou pela instituição dos departamentos, procurando concentrar neles os docentes de áreas afins do conhecimento. Nas universidades privadas, os modelos em geral não são departamentais, havendo centralização da gestão do conjunto das disciplinas.

## A gestão departamental

Segundo o Regimento Geral da USP, o Departamento "é a menor fração da estrutura universitária para os efeitos de organização didático-científica e administrativa" (Capítulo VIII, Art. 51). Ainda, o Artigo 52 estabelece como atribuição dos departamentos: a) Elaborar e desenvolver programas delimitados de ensino e pesquisa; b) Ministrar disciplinas de graduação e pós-graduação;

c) Ministrar cursos de extensão universitária; d) Organizar o trabalho docente e discente; e) Organizar e administrar os laboratórios; f) Promover a pesquisa e extensão de serviços à comunidade.

A ampla autonomia pleiteada com a implantação do regime departamental e traduzida pela possiblidade da rotatividade da chefia, e a criação dos Conselhos, onde haveria participação ampla de docentes e alunos, parecia ser a sinalização sonhada para implementar programas de ensino democraticamente debatidos e que certamente atenderiam às necessidades da disciplina e a liberdade total na pesquisa para o corpo docente. A introdução dos departamentos levou a transformações importantes, sobretudo no que respeita à estrutura de poder não só na regência das disciplinas, mas também nos colegiados superiores, cujas composições se alteraram profundamente.

Para "proteger" o mérito, projetado na figura dos professores titulares, na escolha das chefias departamentais, a Universidade de São Paulo utilizou mecanismos regimentais. Partindo da premissa que eles têm potencialmente maior experiência e preparo para o cargo, estabeleceu-se no Regimento Geral que somente professores titulares poderiam exercê-lo. Apenas quando abdicassem desse direito é que professores associados poderiam concorrer ao cargo. E, para garantir que fossem eleitos, reforçou-se a presença dos professores titulares em número preponderante nos Conselhos Departamentais, cuja composição teria obrigatoriamente (conforme o Art. 54 do Regimento Geral da USP): a) 75% dos professores titulares (mínimo de cinco); b) 50% dos professores associados (mínimo de quatro); c) 25% dos professores doutores do departamento (mínimo de três); d) 10% dos professores assistentes (mínimo de um); e) um auxiliar de ensino; f) representação discente (graduação ou pós-graduação) equivalente a 10% do total de membros do Conselho (mínimo de um).

Por outro lado, a limitação do número de cargos de professores titulares na universidade criou um verdadeiro "gargalo" ao final da carreira, colocando inúmeros professores associados com boa experiência acadêmica na "lista de espera" para o posto mais alto da carreira. Seria normal que entre eles despontassem lideranças acadêmicas naturais, com capacidade para comandar um departamento. Em decorrência desse e de outros fatores, houve uma enorme pressão sobre a universidade para que se efetivassem mudanças na legislação, visando ampliar as possibilidades de exercício da chefia, estendendo-a a todos os níveis da carreira.

Some-se a isso um fato que tem sido observado na prática, que é o desinteresse cada vez maior dos professores titulares pelo exercício da chefia departamental, tendo em vista as dificuldades de gestão enfrentada nos dias de hoje, abdicando ao seu direito prioritário do cargo. Todos esses ingredientes levaram o Conselho Universitário a aprovar, recentemente, mudanças no Regimento Geral da universidade, flexibilizando o processo de escolha. Hoje, a chefia do departamento pode ser exercida por: a) professor titular ou associado 3 ou associado 2, desde que o número mínimo dessas categorias seja igual ou maior do que três; b) Não havendo três em cada categoria, a somatória deverá ser um número igual ou maior do que cinco docentes; c) Somente não havendo esse "quórum" acima é que serão incluídos os professores doutores.

Não é incomum encontrar professores associados e doutores exercendo a chefia, mesmo na presença de professores titulares no próprio departamento. Muitos são bem-sucedidos, mas tem-se também encontrado distorções preocupantes no processo de eleição e em seu desempenho. A escolha da chefia de departamento muitas vezes não se baseia no mérito do eleito, mas sim em uma conveniência momentânea. Nem sempre o mais preparado é eleito, pois há um jogo de interesses de grupos que dominam os Conselhos. Embora se reconheça que as decisões colegiadas tenham maior legitimidade, elas nem sempre são tomadas com base em debates acadêmicos consistentes, mas sim, em boa parte das vezes, definidas em votações baseadas em acordos internos eivados de vícios e conflitos de interesse.

Um Conselho forte é bastante desejável, pensando-se no processo de tomada de decisões com base nos debates internos e decidido por maioria dos votos. Entretanto, o que se observa é que frequentemente o Conselho de legislador passa a ser o poder Executivo e a figura do chefe de departamento é simplesmente decorativa. Para ele, torna-se quase impossível elaborar e executar um plano de metas para sua gestão. O "patrulhamento" exercido pelo Conselho Departamental inibe a liberdade de decisão da chefia, mesmo para situações administrativas corriqueiras. Outras vezes as chefias são fracas demais. Não têm espírito de liderança e estão despreparadas para os debates acadêmicos nos próprios Conselhos Departamentais ou nos colegiados superiores da unidade onde são representantes. Para eles, torna-se mais conveniente transferir praticamente todas as decisões para o colegiado em nome da "gestão compartilhada" e tornam-se apenas um "estafeta" para os processos que têm de tramitar pela malha burocrática da universidade.

Assim, com a extinção da cátedra, saiu a figura do catedrático "ditador", que monocraticamente se utilizava de seu poder de decisão, e entra a figura do Conselho Departamental, cujas decisões muitas vezes são tomadas sem levar em conta o real interesse institucional. Estabelece-se uma verdadeira trincheira para a proteção da corporação, tornando-se uma barreira intransponível às ações da direção para o desenvolvimento das unidades. São efetivamente "democráticas" as decisões tomadas por um Conselho "desfigurado" na forma de uma "ditadura anônima"?

Barreiras têm sido criadas pela universidade, visando dificultar a criação de novos departamentos nas unidades já existentes. Cada nova unidade departamental representa uma modificação na estrutura de poder nos colegiados das unidades e pode ter reflexos nas instâncias superiores da própria universidade. Também não menos relevante é o fato de que cada novo departamento representa custos financeiros adicionais, implicando a contratação de pessoal de apoio e docentes. Por essas e outras razões, a USP decidiu estabelecer critérios para a composição departamental, estabelecendo como regra a exigência de no mínimo quinze docentes, sendo pelo menos dois professores titulares e um de cada categoria funcional, por departamento. Todas as unidades da USP foram obrigadas a redimensionar sua malha departamental, de forma a atender à nova legislação. Lamentavelmente, os debates visando as fusões, desmembramentos ou criação de novos departamentos, que deveriam ser norteados pela natureza do mérito acadêmico, com frequência se transformaram em discussões de natureza política, visando atender interesses de pessoas ou de grupos, e evidentemente o resultado final foi o surgimento, em algumas instâncias, de departamentos completamente desfigurados, um amontoado de docentes em verdadeiros "Frankensteins" acadêmicos, que em nada se identificam com os propósitos originais da reforma universitária.

Assim, do ponto de vista de gestão, é preciso uma ampla reflexão sobre a estrutura departamental vigente, que aponte para uma retomada de rumos de forma a manter sua autonomia, porém restrita às questões acadêmicas, com maior regulação pelas instâncias superiores no que tange às esferas administrativas, conforme reza o Regimento Geral da universidade. Indubitavelmente, há uma preocupação dos órgãos superiores da USP em relação a esses fatos, externado pela criação de algumas novas unidades sem a constituição da estrutura departamental. Elas ainda estão em funcionamento há pouco tempo e é preciso aguardar os resultados dessa nova experiência para uma melhor avaliação.

## O desempenho acadêmico dos departamentos

A estrutura departamental teve o objetivo de entender o aluno da universidade como um todo, para cuja formação vários departamentos participariam de forma autônoma, mas cooperativa e integrada. Entretanto, ao longo dos anos, com a autonomia que lhes foi outorgada, os departamentos passaram a moldar seus programas de ensino feito "sob encomenda" para seu próprio corpo docente, desconsiderando a integração multidisciplinar, muitas vezes sem obediência às diretrizes curriculares adotadas pela instituição, através da Comissão Coordenadora de Curso de Graduação (COC).

Para o modelo departamental ter o sucesso previsto, algumas condições são fundamentais: uma boa organização acadêmica, corpo docente qualificado e um forte poder de decisão das instâncias superiores. Ter autonomia não significa ter soberania, e por essas razões a COC deve ter o respaldo da direção e dos colegiados maiores (congregações e/ou conselhos técnicos), com poder suficientemente forte para exercer a fiscalização na programação das ementas e estabelecer as cotas de participação da grade curricular, funcionando como um órgão regulador, indutor e mediador da interação entre os departamentos, para que a integralização curricular se faça de forma harmônica e complementar entre eles e coerentes com os objetivos programáticos da instituição, evitando a oferta de disciplinas, cursos ou programas que não sejam de interesse da unidade.

Para exercer bem essas atividades, as COCs precisam se organizar administrativamente, com uma boa infraestrutura de apoio, e ser compostas por docentes não necessariamente versados, mas pelo menos interessados em Pedagogia.

A criação da estrutura departamental trouxe, por sua vez, maior dinamismo à vida acadêmica. Os programas de pós-graduação que vieram simultaneamente induziram, de forma substancial, a pesquisa nas universidades, aumentando de modo significativo a produção científica. Para os novos docentes, a pós-graduação possibilitou uma iniciação acadêmica mais sólida em seus fundamentos e uma carreira com boa perspectiva de ascensão.

Os programas de pós-graduação não estão diretamente atrelados aos departamentos. Têm secretaria própria e gozam de ampla independência no que diz respeito às suas normas internas e gestão. O maior aporte de recursos das agências de fomento para pesquisa e programas de pós-graduação conferiu a estes maior independência financeira em relação aos orçamentos das unidades. Some-se a isso o fato de a Capes haver estabelecido forte peso para a produção científica em seus critérios de ranqueamento dos programas. Com esses incentivos, houve uma maior valorização dos orientadores dentro da estrutura departamental. Como reflexo, observou-se uma melhoria sensível da qualidade dos professores enquanto pesquisadores, mas em detrimento das atividades de ensino, sobretudo a graduação. Parece que os docentes perderam o senso do dever quanto à formação do aluno de graduação, uma vez que essa responsabilidade está diluída entre os diferentes departamentos. Se por um lado a formação do aluno de graduação é de competência da unidade de ensino, com responsabilidade diluída entre todos os departamentos, a formação do pós-graduando é, por outro lado, competência, em última instância, do professor orientador. Por isso, estes têm maior dedicação à pós-graduação, que lhes dá retorno garantido com as publicações e teses e, portanto, a ascensão garantida na carreira.

## Perspectiva

Com a expansão do conhecimento, alargaram-se as fronteiras da interdisciplinaridade. A união de docentes com interesses comuns tem formado grupos interdepartamentais ou mesmo interunidades de pesquisa e programas de pós-graduação, incentivados pelos órgãos governamentais de fomento. Talvez esse seja o caminho natural para a estruturação de futuros "departamentos", ou outro nome que se queira dar à congregação de docentes com interesses comuns. Esses grupos que se organizaram de forma voluntária e espontânea em torno de eixos do saber poderiam formatar também os programas de graduação, sob a coordenação necessária das COCs para garantia da integração entre eles.

Nesses casos, haveria convergência na função "departamental" tanto para a formação da graduação e pós-graduação *stricto sensu* em uma mescla de corpo docente constituído por professores/pesquisadores básicos e das áreas de aplicação (a medicina translacional, tão decantada nos dias de hoje, estimula essa interação). Certamente, com as facilidades de comunicação eletrônica, não há necessidade de se concentrar os docentes no mesmo espaço físico. O importante é a vinculação acadêmica à boa interação com os demais pesquisadores e a coordenação centralizada pela COC.

Entretanto, é necessário criar mecanismos para facilitar essa interação, oferecendo maior mobilidade ao corpo docente. A criação pelo Conselho Universitário da USP da chamada Vinculação Subsidiária, ou Dupla Vinculação (o Artigo 130-A do Regimento Geral dispõe: "Havendo conveniência para o ensino e para a pesquisa, permitir-se-á a vinculação subsidiária de docentes a outra unidade ou departamento..."), pode representar uma alternativa para facilitar essa migração de docentes entre departamentos onde existam grupos de pesquisa com interesse comum, criando um ambiente mais favorável ao desenvolvimento de suas potencialidades acadêmicas e mantendo uma "ponte" entre os dois. Essa vinculação subsidiária deve ser autorizada mediante justificativas acadêmicas, com base em projetos conjuntos envolvendo alunos de pós-graduação e graduação e coautorias nas publicações.

## A experiência do Departamento de Ginecologia e Obstetrícia da FMRP-USP

As mudanças ocorridas com as fusões e desmembramentos de Departamentos, procurando adequá-los à nova legislação, ensejou a possibilidade de reformas dos Regimentos Internos. No Departamento de Ginecologia e Obstetrícia da FMRP, procurou-se efetivar uma participação mais democrática do corpo docente na gestão departamental, com divisão de tarefas acadêmicas e administrativas, envolvendo o maior número possível deles. O Regimento Interno do Departamento de Ginecologia e Obstetrícia prevê em sua estrutura administrativa as Coordenadorias de Ensino de Graduação, de Pós-Graduação, de Pesquisa, de Extensão (e outras que eventualmente forem necessárias). Os coordenadores são indicados pelo chefe do departamento, têm mandato de um ano, renovável, e podem pertencer a qualquer categoria docente.

Nos dias de hoje é praticamente impossível a um docente exercer com alta competência todas as atividades que são atribuídas a ele: ensino, pesquisa e extensão. Alguns docentes são bons didatas, outros são mais assistencialistas (no caso das escolas médicas, por exemplo) e alguns gostam mais de pesquisas e laboratórios. Obviamente, o chefe deve escolher para as coordenadorias docentes que tenham o perfil mais adequado para aquela atividade, procurando aproveitar ao máximo a melhor característica de cada um, de tal forma que o conjunto do departamento tenha um bom desempenho em todos os três segmentos. Por exemplo, não se deve escolher para a coordenadoria da pós-graduação um docente que tenha o perfil assistencialista, e vice-versa.

A escolha dos coordenadores pelo chefe do departamento dá a este a oportunidade de montar uma "estrutura de governo" com docentes de sua confiança. Esse "gabinete" de gestão deve traçar, sob a coordenação do chefe, as diretrizes da governança para o período sob sua responsabilidade.

Os coordenadores podem formar pequenos colegiados (comissões internas) para auxiliá-lo no desenvolvimento dos programas de cada área (graduação, pesquisa, pós-graduação e extensão). Cabe às coordenadorias a apreciação de matérias de sua área de competência, e para emitir seus pareceres podem solicitar assessorias externas ao departamento. Todas as matérias a ser submetidas ao Conselho Departamental devem, necessariamente, ser apreciadas pelas coordenadorias específicas.

Esse modelo de certa forma tem reduzido as desigualdades no desempenho das tarefas. Algumas delas devem, obrigatoriamente, ser desenvolvidas por todos, como são as aulas de graduação, divididas "irmanamente" desde o mestre ao professor titular, na mesma proporção de carga horária. As demais atividades são distribuídas a critério de cada setor (reprodução humana, oncologia e mastologia, gestação e alto risco, uroginecologia e cirurgia ginecológica, atenção primária à saúde da mulher), desde que cada um contribua efetivamente para o desempenho do conjunto. Por exemplo, se o desempenho na pós-graduação não for minimamente satisfatório, o docente é descredenciado, pois sua baixa "produção" poderá puxar os indicadores do programa para níveis inferiores.

Esse modelo tem atendido às expectativas do corpo docente e tem frutificado um bom desempenho, que é reconhecido pelo corpo discente, conferindo ao Departamento de Ginecologia e Obstetrícia, repetidamente em sua avaliação, a posição de melhor do curso de graduação, entre os catorze departamentos da FMRP-USP. O Departamento de Ginecologia e Obstetrícia tem bons indicadores de produção científica e se ocupa com bastante envolvimento nas atividades assistenciais do Hospital das Clínicas de Ribeirão Preto (Unidade Câmpus e Unidade de Emergência), do Centro Estadual de Referência à Saúde da Mulher – Mater, e do Centro de Saúde Escola da Faculdade de Medicina de Ribeirão Preto-USP.

## Conclusões

Com todos os "vícios" e dificuldades que possa apresentar, a estrutura departamental tem sobrevivido ao tempo. Já quase cinquentenários, os departamentos vão se moldando aos novos tempos e decerto atravessam uma fase extremamente dinâmica, mas ainda cheia de incertezas.

Quaisquer mudanças devem ser feitas com cautela, apenas depois de exaustivas discussões ao nível de suas unidades e colegiados.

Nada deve ser aprovado de afogadilho, pois as decisões, uma vez tomadas, devem ser sólidas e, mesmo assim, estarão sujeitas a um processo contínuo de transformações.

O *modus faciendi* desse processo é a chave da questão. Qualquer proposta de modificação nunca se constituirá em um modelo ideal pois, pelas próprias características do mundo universitário, jamais haverá unanimidade em um ambiente que, definitivamente, foi criado para ser local de debates e embates de ideias e gerador de polêmicas. Divergências entre pessoas de boa formação cultural são naturais e é absolutamente necessário que desses debates se agucem as contradições, pois são delas que se inspiram e se extraem os projetos necessários para o desenvolvimento da universidade.

# 12
# O PAPEL DOS DEPARTAMENTOS E SEUS GESTORES NA UNIVERSIDADE PÚBLICA BRASILEIRA

*Mário De Beni Arrigoni*
*Cyntia Ludovico Martins*
*Everton José Goldoni Estevam*

A temática que envolve a discussão acerca da (não) estrutura departamental dentro da organização universitária convida à reflexão todas as categorias que compõem a universidade: docentes, técnicos, administrativos, gestores, alcançando pró-reitores e até mesmo o gabinete da reitoria. Isso não é diferente na Unesp e traz consigo diversas implicações e a necessidade de ponderações, uma vez que, de uma forma ou de outra, em momento passado ou presente, a subordinação ao departamento parece inevitável em nossa universidade, com exceção dos chamados câmpus experimentais, os quais, desde sua criação no início dos anos 2000 e até o presente momento, mantêm suas atividades técnico-científicas e de gestão prescindidas de uma unidade departamental.

Essa realidade da Unesp, a qual configura dois modelos, com e sem departamentos, merece no mínimo muita observação e avaliação, pois em uma recente pesquisa voluntária de opinião junto a vinte dirigentes (das 24 unidades da universidade, apenas quatro não participaram), apresentada durante o fórum da Escola Unesp de Liderança e Gestão, 85% manifestaram que os departamentos deveriam ser repensados e/ou discutidos (Arrigoni, 2013).

A partir desse indicativo e colhendo experiências ao longo de oito anos vivendo e convivendo com os dois modelos de gestão, serão apresentados, neste capítulo, trechos de revisões e declarações pessoais, às vezes reproduzidas na íntegra, as quais induzem a vários convites para reflexão, apontando que, quer no âmbito das universidades estaduais paulistas, quer nas federais, há preocupação em propor modelos de inovação que minimizem os vícios corporativos, naquele que deveria ser a "célula embrionária" de toda a gestão universitária, o departamento.

Cabe salientar que não se pretende apresentar uma revisão profunda com embasamento histórico-científico acerca da questão. Tentamos simplesmente abordar o papel do professor-gestor em diferentes modelos organizacionais: um minoritário na universidade, mas que sugere funcionalidade, e outro que parece desencadear a acomodação e a conivência com algo que não concordamos. Embora discordantes, relevamos este último, pois a maioria dos servidores docentes e técnico-administrativos "nasceu" na universidade vinculada ao departamento e subordinada aos erros e acertos das chefias intermitentes, algumas preparadas, outras não, mas com grande poder. É nosso entendimento que tal característica favorece a política pautada em premiações ou perseguições pouco sensatas, e distancia o departamento de seu real papel na gestão universitária, qual seja, trazer identidade às linhas de pesquisa, compor e fortalecer um corpo competente de profissionais que cumpra com qualidade suas atividades de ensino, bem como tenha consciência e responsabilidade para com os programas de extensão universitária.

Portanto, o objetivo desta exposição de ideias consiste em uma provocação sobre o papel do departamento e de seu gestor na organização universitária, considerando a característica da diversidade particular da Unesp, a qual conta atualmente com dois modelos de gestão em vigência, um nas faculdades e institutos e outro nos câmpus experimentais. Trata-se de uma tentativa de contribuir para uma futura inclusão desses aspectos nas discussões e tomadas de decisões da universidade, as quais poderão configurar novos desafios e novas propostas para um plano de desenvolvimento das unidades, fortalecido e em consonância com o plano de desenvolvimento institucional.

## O papel dos departamentos

As estruturas departamentais, implantadas por medidas ditatoriais, substituíram a organização acadêmica em cátedras e conquistaram uma hegemonia tão significativa que, em um certo período, a sensação era de que havíamos atingido "o fim da história" no que diz respeito aos aspectos mais importantes da organização da universidade (Nacif, 2013). O decreto-lei nº 252/67 instituiu o departamento como a menor fração da estrutura universitária para efeitos de organização administrativa e didático-científica, bem como a distribuição de pessoal. Segundo Nacif (2013), buscava-se a nucleação dos campos do saber, organizados em diferentes áreas de conhecimento. O autor reconhece que, em determinado momento da história das universidades brasileiras, a estrutura departamental representou efetivos avanços, mas que começa a ser conceitualmente superada, pois existem novas estruturas mais flexíveis e com maior capacidade de interagir dentro e fora da universidade. Por concordar e entender que alguns pontos são relevantes para ser considerados neste capítulo, serão transcritos e adaptados alguns trechos do artigo do professor Paulo Gabriel Soledade Nacif, reitor da Universidade Federal do Recôncavo Baiano, intitulado "Departamento universitário", publicado na *Folha de São Paulo*, em que se lê:

> A Lei de Diretrizes e Bases da Educação Nacional, publicada em 1996, possibilitou diferentes experiências de estruturação das universidades: novos modelos de organização das unidades acadêmicas têm surgido. No entanto, na maior parte das instituições, o departamento mantém-se aparentemente incólume, mas tem tido uma diminuição da importância na efetividade das atividades-fins da universidade. Isso leva alguns críticos a afirmar que o departamento já não existe para além da instância cartorial.

O autor finaliza o artigo com a seguinte afirmação:

> [...] assim, mesmo com certo consenso de que as estruturas departamentais estão obsoletas, elas ainda persistem, inclusive porque

representam a forma de resistência à superação das antigas linhas de demarcação, que significam não apenas interesses menores, como muitos destacam, mas também, ressalta-se, porque representam um porto seguro num período de tantas indefinições paradigmáticas em todos os domínios do saber.

Antes de trazer o assunto para a realidade da Unesp, sob um prisma mais particular de opinião, porém reafirmando desde já que com o olhar nos sinais da interdisciplinaridade, que a maioria dos educadores entende como sendo irreversível para o aprendizado contemporâneo, a defesa da mudança de estruturas departamentais para novos modelos foi defendida por Diegues (2013), o qual cita que os departamentos são "cemitérios da interdisciplinaridade" e uma estrutura mais de poder do que de ciência. O autor, utilizando o exemplo da Faculdade de Ciências Aplicadas (FCA) da Unicamp, em Limeira, que foi criada sem departamentos, manifesta: "[...] fiquem alertas para que o departamento não surja aqui com outro nome", e continua: "[...] a interdisciplinaridade é uma colaboração orgânica entre disciplinas, mas cada qual guardando seus próprios métodos. Já a transdisciplinaridade é um passo além, supondo-se que existe um paradigma comum entre as disciplinas". O autor acredita que a tendência é que nenhum conhecimento e aprendizado se vincula e se vinculará exclusivamente a uma única disciplina, o que por questões científicas seria factível, porém com o poder departamental distancia-se muito do objetivo, e ressalta: "os departamentos são estruturas perigosas, sutis e de poder [...] uns mandam e outros obedecem". Avançando um pouco mais no tema, resgatamos depoimentos do reitor da USP nos anos 1990 (Lobo, 1992), o qual respondeu a uma pergunta em entrevista posteriormente publicada como artigo, assim elaborada: "Como o reitor vê os departamentos e qual o futuro deles em uma universidade como a USP?". Sua abordagem e percepção sobre o assunto está explicitada nos trechos destacados a seguir:

> [...] no balanço dos resultados da reforma do ensino superior, a estrutura e o funcionamento dos departamentos devem ser postos

em questão [...] assim, penso que os departamentos não têm mais rostos, não têm mais fisionomia nítida, são conceitualmente mal definidos e passaram a ser um dos focos do corporativismo dentro das universidades.

Portanto, a necessidade de reflexões e discussões acerca da efetividade da estrutura departamental na universidade é alertada há quase 25 anos, desde a época da declaração do reitor, que poderia ter desencadeado mobilização de opinião e fóruns apropriados para tratar o assunto que, apesar de polêmico, pois suscita a concordância de muitos mas também discordância de alguns, parece não ser reconhecido como digno de olhares mais cautelosos da comunidade universitária e de ações efetivas que visem avançar em propostas concretas, sobretudo nas universidades estaduais paulistas. Algumas universidades federais e particulares de qualidade parecem ter desafiado aquela estrutura considerada obsoleta por alguns e implementado novos modelos, os quais certamente geram dificuldades e resistências, mas também novas oportunidades de abertura para inovar o ensino, a pesquisa e a extensão. Talvez não fosse necessário citar o conteúdo dos artigos que estão relacionados ao tema, porém, para que seja traçada uma linha de raciocínio menos incoerente possível, será destacado do Estatuto da Unesp:

> Artigo 50. O departamento é a unidade básica da estrutura universitária e integra, para efeito de organização didático-científica e administrativa, disciplinas afins de um campo do conhecimento.

Também o artigo 44 do Regimento Geral cita:

> Os departamentos congregarão o pessoal docente para os objetivos comuns do ensino, da pesquisa e da extensão de serviços à comunidade e, como órgão de articulação didática e técnico-científica, terão suas atribuições fixadas neste Regimento Geral e no regimento de cada unidade.

Fica evidente, portanto, pelas disposições regimentais e estatutárias, que o intuito da estrutura departamental é o de reunir esforços e competências comuns, de modo a fortalecer as atividades de ensino, pesquisa e extensão. Entretanto, será que tudo isso se efetiva na prática? Principalmente no que se refere ao ensino de graduação, a proposta departamental parece se constituir muito mais como uma estrutura burocrática, fragmentadora e às vezes segregante, portanto com caráter bastante antagonista àquele que a fundamenta. Julgamos pertinente esclarecer nosso entendimento para os adjetivos empregados no juízo supracitado:

- *Burocrática*, no sentido de que muitas vezes as funções departamentais dispostas no estatuto, no regimento e nas demais legislações não são possíveis de ser efetivadas na prática, pois, embora caiba aos departamentos deliberar sobre bolsas, disciplinas, propostas de pesquisa e extensão, tais assuntos dependem fundamentalmente e envolvem diretamente os cursos, o que faz que a estrutura departamental constitua, em muitos momentos, algo burocrático e pouco funcional.
- *Fragmentadora*, porque, embora a proposta de estrutura departamental vislumbre ações conjuntas em âmbito departamental, a prática revela divergências. Muitas vezes as relações estabelecidas nos cursos de graduação ou programas de pós-graduação prevalecem aos interesses departamentais, e o departamento (e por conseguinte, suas ações) acaba constituindo uma "colcha de retalhos", quando não um "jogo de forças" que objetiva deixar claro qual grupo tem mais força e que, portanto, deve ser "privilegiado" em detrimento dos demais. Nesse cenário, novamente vemos o objetivo da estrutura do departamento perdendo-se em decorrência de aspectos políticos, relacionais etc... E quem perde com tudo isso são as atividades de ensino, pesquisa e extensão, com especial atenção à primeira.
- *Segregante*, porque em diversos câmpus um departamento atende a diferentes cursos e, muitas vezes, com perspecti-

vas distintas. Para elucidar, vamos trazer dois exemplos: um departamento que ministra aulas no curso de Medicina e no curso de Ciências Biológicas (Biologia), por exemplo. Ou um departamento que atue em um curso de Engenharia Espacial e Licenciatura em Física. Muitas vezes se privilegiam as "carreiras de ponta" em detrimento das "profissões de base", o que, por conseguinte, se constitui na concepção de cursos de "segunda categoria" e que, em termos de universidade, é inadmissível.

Esclarecidos esses aspectos, julgamos pertinente a discussão acerca de estruturas distintas das departamentais. Estas assumem a estrutura de colegiado de cursos para lotação dos docentes e responsabilização pelas decisões relacionadas ao ensino, pesquisa e extensão. Nessa linha estão os câmpus experimentais da Unesp, dos quais temos experiência particular com o câmpus de Dracena e diversas universidades mais recentes do estado do Paraná (Unicentro, Unioeste, UENP e Unespar). É claro que problemas semelhantes àqueles pautados no que concerne à estrutura departamental também são constatados, porém com outro caráter: por vezes de ordem pessoal (relações interpessoais) ou políticas internas. Não de ordem de forças, jogo de interesses, ranqueamentos, comparações, subjetividades, políticas externas etc. Além disso, parece que, ao se configurar vínculo com um curso de graduação, são fortalecidas as bases da formação; em outras palavras, o professor não se remete ao Departamento de Física Quântica, por exemplo, para identificar sua lotação funcional, mas ao curso de Física, o que confere densidade e coerência à unidade básica da estrutura universitária. Isso quer dizer (implicitamente, é claro) que o empenho e a identidade profissional docente se relacionam ao curso de graduação em que o docente está lotado, o qual constitui seu cartão de visitas.

Dessa forma, tal estrutura sugere e favorece a constituição de relações diferenciadas entre docentes e cursos de graduação, quando comparadas àquelas de uma estrutura departamental. Todos lutam e se envolvem nas discussões que permeiam seu curso de graduação, o que fortalece sobremaneira a articulação entre atividades de ensino, pesquisa e extensão. Além disso, a atuação dos colegiados de curso é muito mais efetiva e fundamentada quando comparada àquela dos departamentos, uma vez que envolve discussões diretamente relacionadas aos interessados e que não dependem de outros órgãos: refere-se ao curso e cabe ao curso estudar, analisar, consultar e decidir. Alguns podem advogar que isso não contribui para a pós-graduação, opinião com a qual concordamos. Contudo, talvez esse não seja um papel da estrutura organizacional da instituição, mas dos programas de pós-graduação e dos grupos de pesquisa, dadas as características desse nível de ensino.

Ilustrando por meio de exemplo prático vivido pela Unesp recentemente e, de certa forma, encaminhando a conclusão dessa parte do capítulo, a Pró-Reitoria de Graduação propôs um estudo de reestruturação de cursos no âmbito da universidade, considerando, além das diretrizes do MEC, a nomenclatura e carga horária dos cursos, uma vez que, também como particularidade da Unesp, existem vários cursos de mesma natureza com divergências de cargas horárias e sem identidade de núcleo básico, o que dificulta, entre outras coisas, a mobilidade dos alunos entre cursos e entre unidades.

Dos cursos envolvidos nesse "estudo", cujo relatório final encontra-se disponível na página da Pró-Reitoria de Graduação da Unesp,[1] o de Zootecnia (do qual o primeiro autor deste texto foi articulador) exemplifica o quanto é complexa a relação entre conselhos de curso e departamentos, pois a comissão de articulação, composta pelos coordenadores de curso, obrigou-se a levar aos seus departamentos a proposta que a comissão entendeu como mais ajustada aos propósitos de modernização e realinhamento da profissão de zootecnista às exigências atuais do mercado de trabalho.

A justificativa para utilizar a Zootecnia como exemplo está pautada na existência de unidades que oferecem o curso por meio de departamentos (FMVZ – Botucatu, FCAV – Jaboticabal e FEIS –

1 Disponível em: <http://unesp.br/portal#!/prograd>.

Ilha Solteira) e o câmpus de Dracena, que não conta com essa estrutura. Entre os cursos, o da FMVZ chama a atenção, pois são vinte departamentos (pertencentes a três diferentes unidades – FMVZ, FCA e IBB) envolvidos na formação de um profissional. A título de esclarecimento, a FCAV envolve doze departamentos; a FEIS, três; e, ressaltando, o câmpus de Dracena não tem estrutura departamental.

Sem entrar nos pormenores, um dos apontamentos gerais apresentado pela comissão consiste na necessidade de ajustes de cargas horárias dos cursos, pois muitas disciplinas que compõem a matriz curricular dos cursos evidenciam em seus conteúdos programáticos um excesso de carga horária teórica, o que vai de encontro com a proposta de formação profissional atual ( às vezes, do próprio MEC). Outros aspectos envolvem a necessidade de disciplinas optativas que contemplem a dinâmica do mercado frente aos avanços do agronegócio e o apelo empreendedor e versátil da profissão. Assim, acaba-se por conceber o processo de formação profissional como resultado do trabalho de equipes multidisciplinares, com lotação e interesses diversos, e não obrigatoriamente de um único departamento. Essa característica conferiu um grau de dificuldade para se discutir o assunto e, sobretudo, implementar mudanças diretamente proporcionais ao número de departamentos envolvidos na formação do profissional em questão.

As justificativas dos departamentos para as dificuldades ou a impossibilidade de implementação das diversas propostas da comissão de ajustes das estruturas curriculares dos cursos esbarraram em diferentes aspectos. Desde o protecionismo do departamento a docentes mais "antigos", que não aceitariam personalizar o programa de acordo com as demandas profissionais, já que muitas vezes implicaria uma redução de cargas horárias obsoletas de disciplinas obrigatórias, para possibilitar a criação de disciplinas optativas mais arrojadas; até o argumento de que disciplina optativa não configura carga horária para o pleito de contratações pelo departamento, ou seja, posturas que vão contra o princípio da filosofia multidisciplinar.

Acompanhando com maior detalhamento a(s) unidade(s) sem departamentos, a própria comissão se manifestou apontando a facilidade para avanços e disponibilidade do corpo docente para atender às diretrizes e apontamentos dos estudos. Tal aspecto corrobora nossa consideração ao denunciar que a reestruturação curricular de um curso de graduação depende não de propostas elaboradas, discutidas e fundamentadas, mas da vontade do(s) departamento(s), sendo esta, via de regra, uma enorme barreira para avanços significativos no que se refere à qualidade do ensino, sobretudo aquele da graduação.

## De professor a chefe de departamento

Segundo Lazarin (2008), citado por Reatto e Braunstein (2013), as universidades públicas contemporâneas, apesar de seus ritos, costumes e tradições históricas, sofrem mudanças em sua estrutura e funções, assemelhando-se cada vez mais a modernas organizações capitalistas que são acometidas pelas constantes e aceleradas mutações das novas tecnologias, escassez de recursos humanos e financeiros, e também de alta competitividade.

Atender às competências gerenciais de instituições públicas de ensino superior torna-se um grande desafio, seja pelo complexo contexto em que atuam, seja pela necessidade de "reinterpretação" do que são competências para tais organizações (Oderich, 2008).

Por meio de uma pesquisa qualitativa com abordagem interpretativa, Reatto e Braunstein (2013) estudaram o desenvolvimento de competências gerenciais dos docentes da Faculdade de Odontologia de Araçatuba – Unesp, para atuarem como chefes de departamento de ensino. Para tanto, utilizaram como referencial teórico as diferentes abordagens do conceito de competências individuais. Este abarca desde a simples definição, apresentada por Delamare-Le Deist e Winterton (2005), como a habilidade de demonstrar desempenho superior em uma determinada função, até a sofisticação de Le Boterf (2003), que acrescenta o saber, o saber-fazer, o saber ser-agir e interagir com o ambiente que o indivíduo mobiliza para gerar um desempenho. Competências, nessa perspectiva, não são compreendidas somente como conjunto de atributos que um indivíduo possui e aplica no trabalho. Os frutos do entendimento que ele dá ao seu trabalho é o que define suas competências (Sandberg; Dall'Alba, 2006). Recorreremos fielmente ao trecho da revisão de Reatto e Brunstein (2013) para inserir enriquecimento ao conceito do cenário competitivo e da interação entre atividades que deveriam ser exercidas pelo professor-chefe, mas que infelizmente o remetem à função meramente burocrática e até figurativa, pois para um departamento existir é necessário ter um chefe:

> Dentro do cenário competitivo por aumento na produção científica, melhores titulações e obtenções de recursos de agências de fomento, professores se veem cada vez mais distantes de sua prática em sala de aula. Dentre outras inúmeras atividades que demandam cada vez capacidades diferentes de professores está aquela de chefe de departamento, quando professores tornam-se administradores, em uma corrida para gerenciar contratos e projetos, orientar equipes e assistentes, chefiar grupos técnicos, fazer inúmeras viagens, participar de comissões em agências governamentais e institucionais (Kerr, 1982), e incrementar a produção científico-acadêmica própria e de sua equipe.

Apesar de retomarmos a seguir a revisão dos autores, julgamos necessário um comentário que, apesar de óbvio, merece ser destacado. A grande maioria dos departamentos nos dias de hoje, quer no cenário estadual, quer no federal, não pratica tais funções, e tampouco o papel do chefe departamental acena para que sejam aplicadas, além das funções burocráticas, as que são de importância para caracterização, nome e respeito a um departamento universitário.

Seja na universidade ou fora dela, construir-se gestor vai além de ampla formação acadêmica que privilegie apenas o conhecimento explícito (Ruas, 2001; Closs; Atonello, 2011). A autoridade e a responsabilidade sobre a direção e a qualidade do trabalho de seus subordinados requerem do professor-gestor competências que podem ser aprendidas implicitamente (fora do ambiente formal), na prática diária como gestor e, por consequência, fruto de reflexão cotidiana de sua experiência gerencial (Leite, 2011).

A conclusão do trabalho de Reatto e Brunstein (2013) também será parafraseada, lembrando que seu objetivo envolvia compreender o que os professores e professores-chefes entendem por um chefe de departamento competente e, por conseguinte, quais conhecimentos são mobilizados para a prática de sua função.

> Os saberes teóricos necessários para a gestão do departamento aparecem nos discursos como não necessários para a maioria dos entrevistados, pois, devido à especificidade do ambiente universitário, somente se aprende a *gerir na prática* (a observação em destaque não é dos autores). Os conhecimentos teóricos restringem-se a conhecer as legislações que regem o trabalho da universidade. Quanto aos saberes práticos, as atividades administrativas cotidianas do departamento podem ficar, em sua maioria, a cargo de funcionários técnico-administrativos. O saber-agir é conquistado por meio da experiência adquirida na trajetória do docente, no exercício de outras funções e pela observação do comportamento, das ações e postura de outros colegas em posição gerencial [...] servindo-se apenas da estrutura funcional de técnicos administrativos que lhes é oferecida pela faculdade... e finalmente... a gestão dos departamentos de ensino da faculdade tem como maior fator motivador a oportunidade de ganhos pecuniários diretos e de ser requisito na progressão de carreira, o que o levará também a aumentos salariais... A mudança na concepção do trabalho sobre o que é ser chefe de departamento seria a forma mais básica de desenvolvimento de competências desses professores para atuarem como gestor universitário (Sandberg, 2000), por isso os próprios entrevistados cobraram da universidade cursos e treinamentos para a função de chefe, sobretudo a valorização da função gerencial, pois a entendem como

sendo um dos pilares de sustentação da instituição, como são o ensino, a pesquisa e a extensão.

Portanto, o trabalho revela, dentro de uma das várias faculdades e institutos que integram a Unesp, o resultado de entrevistas dos atores que exerceram o papel, bem como aponta a necessidade de investimento (talvez nem tanto financeiro) na formação não simplista para que haja avanços na atuação gerencial e se resgate, se ainda houver tempo, a importância do departamento e seu chefe no âmbito da universidade, aqui assumida como a Unesp, uma vez que os dados não permitem generalização para todas as instituições de ensino superior públicas e privadas do país.

Contudo, no que se refere à Unesp, as conclusões dos autores, a partir dos depoimentos colhidos, evidencia que os resultados poderiam ser semelhantes ou próximos em muitas outras faculdades e institutos, uma vez que fazemos parte de uma universidade relativamente jovem e que os conceitos de líder e talvez nem tanto de chefe começaram a ser enfaticamente divulgados a partir dos anos 1980 nas empresas privadas e depois para o âmbito universitário, com pouquíssimos estudos em relação aos chefes de departamentos e diretores de unidades, incidindo um pouco mais sobre reitores e vice-reitores. Na tentativa de ampliar o debate para além dos muros da Unesp, Costa (2002) publicou um artigo em relação às universidades portuguesas de alto grau de tradição, intitulado "A reforma dos departamentos, primeiro passo da reforma universitária". Talvez esse artigo tenha de ser citado doravante neste capítulo, uma vez que complementa o convite sobre a reflexão do assunto com "tempero internacional". O autor defende que o departamento é o fulcro da universidade e aborda os seguintes aspectos sobre ser ou estar chefe de um departamento, com a importante missão de corajosamente assumir a responsabilidade individual do departamento, com ganhos adicionais financeiros e ciente de que a nomeação é temporária (à frente será retomado o assunto acerca da eleição das chefias nos departamentos da Unesp). O autor enfatiza que o chefe não pode ser só o executor das deliberações do conselho, ele tem de ser o verdadeiro líder, com poderes, mas também com responsabilidades ou prestação de contas. Para Costa (2002), o chefe de departamento deve, entre outras, assumir as seguintes competências: dirigir a atividade científica, pedagógica e formativa, integrando e harmonizando os diversos projetos do departamento; promover a colaboração entre os membros do departamento; propor a admissão ou promoção de pessoal docente e pesquisadores; administrar autonomamente o orçamento próprio do departamento, sem prejuízo das competências gerais dos órgãos diretivos da universidade e da unidade; admitir *post docs*, estudantes e estagiários; garantir o cumprimento das normas e decisões adotadas pelos órgãos superiores.

Ainda, segundo o autor, essas competências e o papel que o chefe tem no departamento de caráter científico e pedagógico originam a necessidade de grande rigor e critério de qualidade na escolha do chefe. No campo das atividades criativas, nenhuma outra atividade precisa articular, tanto quanto a pesquisa, a iniciativa individual e a participação com a hierarquia, com a dependência de capacidades e com o papel individual do chefe na programação da pesquisa e na construção das colaborações. Essa conjugação de características, ainda segundo o autor, aparentemente opostas, mas que, na prática das boas instituições se articulam, é também condição para uma imagem institucional de qualidade e coerência, uma imagem que ultrapassa a simples soma dos valores individuais. Após o breve apanhado de citações e conforme apontado anteriormente, o subtema professor-chefe será finalizado com a experiência vivida ao longo dos trinta anos de UNESP do primeiro autor desse artigo, sob visão crítica, inconformada e com muita vontade de perceber sinais, nem que sejam muito pequenos, de movimentos que visem, ao menos, a disposição para discutir, orientar ou até mesmo revolucionar, alterando o status de universidade com unidades departamentais para modelos factíveis e dinâmicos que contemplem a essência principal da inter e da multidisciplinaridade.

Tanto o ensino como a pesquisa e a extensão geram qualidade de resultados por meio de redes informatizadas e cada vez mais em torno delas as distâncias estão se encurtando, sendo que o contato e crescimento do indivíduo e do todo não necessariamente necessitam ser geridos pela figura de um chefe, que na maioria das vezes é escolhido por votação de conveniência e não pela competência do candidato, por docentes e servidores técnico-administrativos que serão protegidos ou expostos, dependendo de seu vínculo com a gestão anterior, ou pela orientação e sugestão de docentes decanos, que interpretam o departamento tanto como um espaço físico como organizacional de proteção ou de punição (não com toda a severidade da definição da palavra).

Nesse sentido, por experiência própria na trajetória e história na Unesp, fui[2] indicado e eleito para responder por um departamento, por duas chefias consecutivas, com justificativa ao convite, pelos pares, de "que chegou minha vez". Sem nenhum pré-requisito sabatinado, cumpri meu dever e função sem propor nada de novo e somente fiquei responsável pela continuidade das diretrizes defendidas pelos mais antigos. Fui chefe sem entender sobre conceitos administrativos, interpessoais e de saberes, o que hoje me faz carregar certa culpa, porém tive um aprendizado rico e que, se não pôde ser aplicado novamente em outro momento, pois já não comungava com as ações políticas que vinham sendo feitas, permitiu-me amadurecer e responder com melhor bagagem por quase oito anos (quatro deles por indicação do reitor e quatro de mandato como resultado de eleição) à coordenação executiva de um câmpus experimental da Unesp.

Recorrendo à literatura para buscar respaldo, a fim de balizar e reforçar que não somos donos da verdade e nossas experiências ou vão de encontro ou ao encontro de pensamentos ou publicações que ora nos demonstram nossa razão, ora não, deparei-me novamente com as declarações de ex-reitor da USP, prof. dr. Roberto Lobo, no longínquo ano de 1992. O professor Lobo cita que havia distorções

2 Experiência do primeiro autor desse artigo, o que justifica a utilização da primeira pessoa do singular neste trecho do texto.

sérias nos procedimentos estabelecidos para a escolha dos dirigentes de departamento e que, pelas normas ainda vigentes, também na Unesp, o departamento tem total autonomia dentro da faculdade e/ou instituto; são os membros do departamento que escolhem o conselho departamental e este, por sua vez, deve traçar as diretrizes junto aos demais docentes e servidores representantes e eleger o chefe. Este não tem nenhum aval fora do próprio departamento! O resultado não podia ser outro: o chefe não tem autoridade (às vezes utiliza o poder) para gerir o departamento, uma vez que depende de seus subordinados e porque está preso ao jogo de influências dentro do departamento (Lobo, 1992). O fato de o chefe ser escolhido diretamente dentro desse órgão demonstra que o departamento tem mais autonomia que a própria universidade, pois esta abre a votação para a comunidade toda.

Ainda segundo Lobo (1992),

> [...] essa distorção gera uma situação paradoxal da vida universitária, pois um determinado projeto que levou um diretor de faculdade ou instituto a ser eleito pode não significar nada para o departamento, desde que este, gozando total autonomia, pode adotar uma orientação diversa à faculdade e do instituto. Dizendo de outra forma, decidindo com autonomia plena sobre seu destino, o departamento se desincorpora do projeto global da faculdade, do instituto e da própria universidade.

Essa citação pode nos levar a mais uma série de reflexões que poderiam ser limitadas pelos estatutos e regimentos, acionando um poderoso freio para qualquer iniciativa ou um grande estímulo para a atualização das resoluções, frente à disseminação da ideia, sem autoria conhecida, acerca da nova concepção de universidade e de sua gestão de interdisciplinaridade estrutural tal qual o cérebro humano. Se a universidade produz cérebros deve parecer como tal, integrada e pronta para responder a várias perguntas sobre diversos assuntos ao mesmo tempo sob diferentes estímulos.

## Considerações finais

A iniciativa de abordar o assunto, por meio de palestras, em evento recente e específico para chefes e vices da Unesp, promovido pela Escola Unesp de Liderança e Gestão, tratando da opinião a favor e contra a atual estrutura da universidade com departamentos, enriqueceu o tema e, na ocasião, renomados ex-reitores e dirigentes atuais de universidades, que foram criadas sem o modelo tradicional (incluindo alguns cursos da Unicamp e as recentes federais implantadas no estado e na cidade de São Paulo), ressaltaram a importância da oportunidade de a Unesp investir um pouco mais na colheita de indicadores, nos câmpus experimentais, pois desde sua criação não conhecem o que é trabalhar em departamentos e nem por isso, conforme enfatizado anteriormente, deixam de atender e de acompanhar os níveis de excelência dos cursos consolidados.

Serão reproduzidos breves depoimentos de docentes de um câmpus experimental e outro de unidade consolidada da Unesp acerca da vivência departamental:

> [...] proposta inovadora é a essência da justificativa para a criação e existência da experimentais; vivi os dois modelos e o departamento não apresenta propostas para a atividade-fim, desconhece o que é um PPP, requer mais funções com gratificações e somente cuida dos aspectos burocráticos.

> A estrutura departamental funciona como unidade POLÍTICA [as maiúsculas foram apresentadas pelo autor da declaração], muitas vezes "emperrando" o crescimento da unidade. Se não houvesse medição de forças e disputas entre os departamentos para obtenção de todas as formas de recurso da universidade, creio que o crescimento da carreira docente aconteceria de maneira mais uniforme e justa. Quanto mais forte o departamento, mais conquistas, mais privilégios, mais poder, mais injustiças na carreira, confluindo em um círculo vicioso que tende a fortalecer mais ainda a manutenção da estrutura departamental.

A primeira declaração pode fomentar indicativos fortes, que ainda apontam para a Unesp o privilégio de poder ser um grande laboratório de experiências para avanços da gestão universitária e da qualidade acadêmica, por possuir os dois modelos, desde que a política para avançar no tema adentre nas pautas dos órgãos colegiados. A segunda declaração pode revelar um ponto pouco explorado no texto, que é a competição entre departamentos de uma mesma unidade, terminando em possível prejuízo para o próprio docente, ou talvez na congregação de docentes e pesquisadores da mesma área ou linha de pesquisa ou atuação de caráter multidisciplinar, sem a necessidade de estrutura no formato rígido de um departamento.

As declarações dos docentes que foram a favor e são defensores do departamento foram reconhecidamente de grande importância para a formação de opinião e elaboração do presente capítulo, pois na Unesp existem vários departamentos exemplares em várias faculdades e institutos, os quais tive a oportunidade de conhecer, mas mesmo assim ainda são minoria. Portanto, a discussão, se implantada, não é nem será simplista e muito menos de imediato; porém, os modelos estão à disposição para estudos aprofundados e sérios, a ponto de revelar outras perspectivas sadias e sem embates "patológicos", devendo continuar respeitando o dia a dia, com ou sem o departamento.

Os dirigentes do departamento devem ser formados e suas aptidões avaliadas para responder aos requisitos básicos de um bom gestor e, por que não, líder. Por outro lado, os câmpus experimentais, sem os departamentos, devem continuar divulgando seus avanços e demonstrando sua eficiência acadêmica e de gestão, na defesa do modelo alternativo. Talvez, como possível "contraprova", como propôs o professor e ex-reitor Marcos Macari, com quem estou de pleno acordo, de maneira voluntária alguma Unidade consolidada da Unesp possa fazer a migração de estrutura de gestão com departamento para outra sem departamento, estando disposta a dividir resultados, não importa se positivos ou negativos, mas de qualquer forma sendo precursora de inovação... Dificilmente esse sonho se realizará, porém não poderíamos deixar de registrá-lo.

## Referências bibliográficas

ARRIGONI, M. D. B. *Relato de experiências:* modelo departamental X não departamental. Palestra promovida pela Escola Unesp de Gestão e Liderança, proferida no Hotel Nacional, São José dos Campos – SP (13 nov. 2013).

COSTA FILHO, R. L. S. Lições e problemas da universidade. Marco Antônio Coelho. *Estudos Avançados*, v.6, n.15, maio/ago. 1992. Entrevista on-line. Disponível em: <http://www.scielo.br/scielo.php?pid=S0103-40141992000200011&script=sci_arttext>. Acesso em: 6 nov. 2013.

COSTA, J. V. A reforma dos departamentos, primeiro passo da reforma das universidades. 2002. Disponível em: <http://jvcosta.net/artigos/departamentos.html>. Acesso em: 1 nov. 2013.

DIEGUES, A. C. Departamento são cemitérios da interdisciplinaridade, diz antropólogo Isabel Gardenal. TV Unicamp, Campinas, 9 abr. 2013. Entrevista on-line. Disponível em: <http://www.unicamp.br/unicamp/noticias/2013/04/09/departamentos-sao-cemiterios-da-interdisciplinaridade-diz-antropologo>. Acesso em: 5 mar. 2013.

NACIF, P. G. S. Departamento universitário. 2013. Disponível em: <http://www.alaerciocardoso.adv.br/artigo/44>. Acesso em: 1 nov. 2013.

ODERICH, C. Gestão de competências gerenciais: noções e processos de desenvolvimento. In: RUAS, R.; ANTONELLO, C. S.; BOFF, L. H. (Orgs.). *Aprendizagem organizacional e competências.* Porto Alegre: Bookman, 2008.

REATTO, D.; BRUNSTEIN, J. De professor a chefe de departamento: um estudo sobre o desenvolvimento das competências gerenciais desses profissionais numa universidade pública. In: Seminários em Administração, 16, 2013, São Paulo. *Anais eletrônicos...* São Paulo: FEA-USP, 2013. Disponível em: <http://semead6.tempsite.ws/16semead/resultado/trabalhosPDF/407.pdf>. Acesso em: 6 nov. 2013.

SANDBERG, J. Understanding Human Competence at Work: an Interpretative Approach. *Academy of Management journal*, n.1. 2000, p.9-25.

# 13
# Inovação na graduação: o programa Professor Especialista Visitante em Graduação da Unicamp

*Gabriela Celani*
*Marcelo Knobel*

Em geral, a palavra "inovação" aparece repetidamente em matérias jornalísticas e acadêmicas ligadas às áreas de administração e economia, nas quais é associada ao desenvolvimento e implantação de novos processos e/ou produtos. Inovar não significa necessariamente inventar algo completamente novo. Por exemplo, simples adaptações a eventuais mudanças do mercado podem resultar em grandes ganhos.

A inovação nos diversos setores da sociedade é muitas vezes consequência das pesquisas desenvolvidas nas universidades. No entanto, de modo curioso, as universidades são, em geral, bastante resistentes a novidades, como já era apontado por Enarson em 1960, em um artigo publicado no *Journal of Higher Education* (Enarson, 1960). Nesse artigo, intitulado *Innovation in Higher Education* [Inovação na educação superior], o autor afirmava que o grande desafio daquela época não era introduzir os novos computadores no ensino, mas rever as premissas e as rotinas da vida acadêmica, que mantinham o professor em uma zona de conforto. Há diversos exemplos cotidianos de resistência à inovação na universidade, e em particular no ensino de graduação. Essa resistência pode ter diversas causas, que não iremos discutir aqui, mas tem algumas consequências que impactam diretamente os estudantes que, geração após geração, têm de conviver com currículos desatualizados, com um corpo docente desmotivado e com práticas de ensino que replicam, em geral, formas de ensinar que vão se estabelecendo ao longo dos anos em uma determinada instituição. Além disso, em cursos mais voltados para o mercado de trabalho, o corpo docente está muitas vezes afastado da prática cotidiana do mercado, o que resulta em um perfil excessivamente teórico e/ou desatualizado para as disciplinas mais profissionais.

Neste artigo, apresentamos um projeto inovador implementado durante a gestão 2009-2013 na Pró-Reitoria de Graduação da Universidade Estadual de Campinas (Unicamp) nos cursos de graduação da universidade: o Programa Professor Especialista Visitante em Graduação (PPEVG).

## Problemática

No Brasil, a docência no ensino superior converteu-se, nas últimas décadas, em um emprego em tempo integral, mesmo para as carreiras mais profissionais, como Medicina, Arquitetura e Engenharia. Isso já ocorre em universidades públicas, que em geral têm o regime de dedicação integral à docência e à pesquisa como o regime preferencial, mas também já é uma tendência em diversas universidades privadas. Isso decorre, em grande parte, das políticas do Ministério de Educação, que através dos mecanismos de regulação e avaliação incentivam fortemente a existência de ao menos uma determinada fração de professores doutores com dedicação exclusiva ao ensino e pesquisa nas instituições de ensino superior. Em princípio, professores contratados em tempo integral participam mais ativamente da instituição, estão mais disponíveis para os alunos e possuem, em geral, mais conhecimento de tecnologias e tendências recentes em seus campos de atuação, pois participam de conferências e se mantêm atualizados por meio da leitura de periódicos especializados e da realização de pesquisas e atividades de extensão. No entanto, muitas vezes esses docentes tendem a ser superespecializados, e com frequência não têm a oportunidade de desenvolver habilidades práticas profissionais, o que pode resultar em constrangimento e insatisfação. Além disso, com o passar dos anos na instituição, há uma tendência de acomodação de suas práticas docentes, resultado da desatualização sobre a área profissional, falta de motivação e falta de perspectiva de crescimento profissional.

Algumas universidades têm abordado essa questão com a contratação de uma parcela de professores em regime de dedicação parcial, ou mesmo horistas, que também mantêm consultórios, escritórios particulares ou outros empregos. Em geral esses docentes não se envolvem muito com as diversas questões institucionais (participação administrativa, orientação de trabalhos de conclusão de curso, pesquisa etc). As instituições privadas têm mais flexibilidade para a contratação, mas precisam equacionar custos, formação do docente e o regime de dedicação, para seguir as exigências do MEC e buscar um aprimoramento na qualidade. As instituições públicas, por outro lado, têm mais dificuldades para contratar professores temporários, mesmo em caso de afastamento de um docente concursado.

Agências de pesquisa como Capes, CNPq e Fapesp oferecem sistematicamente editais para o financiamento da vinda de professores visitantes (nacionais e estrangeiros) às universidades. Entretanto, esses programas são direcionados a pesquisadores com formação acadêmica (mínimo de doutorado), visando sua participação no desenvolvimento de pesquisas, e ao ensino de pós-graduação. Atualmente, os pesquisadores de pós-doutorado podem atuar em disciplinas de graduação, mas essa atuação é encarada como parte de sua formação acadêmica. Em diversas universidades públicas, os pós-doutores atuam em conjunto com alguma supervisão em disciplinas básicas da graduação. Entretanto, em diversos cursos há uma demanda por disciplinas que aliem o conhecimento teórico ao prático, e que sirvam como uma ponte fundamental para a passagem da vida acadêmica à vida profissional.

Como resposta a esse dilema, a Pró-Reitoria de Graduação da Unicamp criou, em 2011, o programa do Professor Especialista Visitante em Graduação (PPEVG), com o objetivo de trazer a experiência de profissionais altamente reconhecidos pela sociedade para o ambiente acadêmico, complementando conteúdos da grade curricular das diversas áreas de conhecimento. Uma preocupação do programa era propiciar a integração desses profissionais com a comunidade universitária, por meio de sua permanência no ambiente acadêmico, fortalecendo uma prática de reconhecida relevância e impacto para a formação de profissionais e docentes, elevando sua qualificação acadêmica, científica, tecnológica e cultural.

## Fundamentação

Segundo Thomas Khun (1962), um dos principais filósofos da ciência do século XX, o compartilhamento de ideias e experiências entre cientistas e tecnólogos ou práticos, dentro do ambiente acadêmico, é a forma mais arrojada para se avançar no conhecimento, mudando paradigmas e criando novas fronteiras. Segundo Khun, há ganho indiscutível em se trazer para o ambiente acadêmico profissionais dotados de conhecimento e experiência prática em sua área de atuação.

Um dos primeiros educadores do século XX a apontar a necessidade de inclusão da experiência prática na educação foi o americano John Dewey. Em sua obra seminal *Experience and Education* [Experiência e Educação], publicada originalmente em 1938, Dewey (1997) compara os métodos tradicionais aos novos métodos pedagógicos:

> To imposition from above is opposed expression and cultivation of individuality; to external discipline is opposed free activity; to learning from texts and teachers, learning through experience; to acquisition of isolated skills and techniques by drill, is opposed acquisition of them as means of attaining ends which make direct vital appeal; to preparation for a more or less remote future is opposed making the most of the opportunities of present life; to static aims and materials is opposed acquaintance with a changing world (p.19-20).[1]

---

1 "À imposição de cima para baixo se opõem a expressão e o cultivo da individualidade; à disciplina externa se opõe a atividade livre; à aprendizagem a partir de textos e professores, aprendizagem através da experiência; à aquisição de competências isoladas e técnicas de repetição se opõem a aquisição dessas competências como meios para atingir fins que tenham um apelo vital direto;

O contato com profissionais atuantes no mercado é uma maneira de garantir o conhecimento do mundo em constante mudança ao qual Dewey se refere. Mas enquanto Dewey se referia à importância da experiência no ensino em geral, a partir dos primeiros anos da infância, outros educadores importantes do século XX formularam teorias específicas sobre a formação profissional de jovens, enfatizando também a importância do treinamento prático. Dentre esses, destacam-se Herbert Simon, que propôs uma diferenciação entre as ciências do natural e as ciências do artificial, e Donald Schön, que analisou o processo de formação do profissional reflexivo.

Em *The Sciences of the Artificial* [As ciências do artificial], publicado originalmente em 1969, Simon (1998) critica a progressiva substituição das disciplinas práticas pelas teóricas na formação de profissionais como médicos, engenheiros e economistas. Segundo esse autor, isso teria ocorrido durante o processo de incorporação das antigas escolas autônomas às grandes universidades, o que conferiu a elas a respeitabilidade acadêmica que desejavam, mas interferiu negativamente na formação dos profissionais:

> As professional schools, including the independent engineering schools, were more and more absorbed into the general culture of the university, they hankered after academic respectability. In terms of the prevailing norms, academic respectability calls for subject matter that is intellectually tough, formalizable, and teachable. [...] The damage to professional competence caused by the loss of design from professional curricula gradually gained cognition in engineering and medicine and to a lesser extent in business (p.112).[2]

---

à preparação para um futuro mais ou menos remoto se opõe o aproveitamento máximo das oportunidades da vida atual; aos objetivos estáticos e materiais se opõe a adequação a um mundo em mudança" (tradução livre).

2 "A partir do momento em que as escolas profissionais, incluindo as escolas de engenharia independentes, foram sendo mais e mais absorvidas na cultura geral da universidade, elas cobiçavam respeitabilidade acadêmica. Em termos das normas vigentes, a respeitabilidade acadêmica exige assuntos que sejam intelectualmente difíceis, formalizáveis e ensináveis. [...] O dano à competência profissional causado pela perda de projeto dos currículos profissionais gradualmente apareceu na Engenharia e na Medicina e, em menor grau, na Administração" (tradução livre).

Contra as questões apontadas acima, Simon propõe a educação de alto nível intelectual tanto nas ciências básicas (como Matemática, Física e Química) como nas aplicadas (Engenharia, Arquitetura, Medicina e Economia) na formação dos profissionais.

Na Unicamp, assim como em outras universidades, a experiência prática tem sido incluída na formação dos alunos por meio de incentivos ao estágio, que em muitos cursos é obrigatório. Contudo, ao passar a responsabilidade da formação prática a empresas, perde-se o controle sobre sua qualidade, e não é possível ter a certeza de que os estudantes terão, de fato, contato com profissionais altamente gabaritados, ou que atuarão em sua área de formação. Não entraremos aqui no debate sobre os estágios, mas sabe-se que os estagiários em empresas frequentemente não atuam em assuntos diretamente ligados ao seu curso, são subutilizados com tarefas menores, ou explorados em termos de horas de trabalho e atividades a ser realizadas.

Em *Educating the Reflexive Practitioner: Towards a New Design for Teaching and Learning in the Professions* [Educar o profissional reflexivo: rumo a um novo projeto de ensino e aprendizagem nas profissões], Donald Schön (1987) explicita as diferenças entre o ensino teórico e o prático:

> The nonroutine situations of practice are at least partly indeterminate and must somehow be made coherent. Skillful practitioners learn to conduct frame experiments in which they impose a kind of coherence on messy situations and thereby discover consequences and implications of their chosen frames. From time to time, their efforts to give order to a situation provoke unexpected outcomes – "back talk" that gives the situation a new meaning. They listen and reframe the problem. It is this [...] that constitutes a reflective conversation with the materials of a situation – the design-like artistry of professional practice. (p.158)[3]

3 "As situações não rotineiras da prática são, pelo menos parcialmente, indeterminadas e de alguma forma devem se tornar coerentes. Profissionais hábeis devem aprender a conduzir experiências com diferentes cenários, nas quais é imposta uma espécie de coerência em situações complicadas e, assim, podem descobrir consequências e implicações nos diferentes cenários escolhidos. De tempos em tempos, seus esforços para ordenar uma situação podem provocar

Segundo Schön, na prática profissional lidamos tipicamente com situações inesperadas, diante das quais é necessário refletir e inovar, pois a maioria das decisões não pode ser prevista de antemão. Para esse autor, apenas os bons profissionais são capazes de reconhecer padrões e inferir conhecimento a partir dessas situações, em um processo contínuo de aprendizagem.

Apesar de ser amplamente reconhecida a importância da prática profissional e da necessidade de uma formação mais abrangente, que permita que o estudante formado possa se adequar a diferentes cenários, não é nada simples implementar essas ideias ao desenho curricular. Há diversas possibilidades que vêm sendo aplicadas em diferentes universidades, e vamos discutir na próxima seção alguns exemplos.

## Exemplos de programas existentes

Diversas universidades no mundo têm investido em programas com o objetivo de ampliar a participação de profissionais de alto gabarito na formação de seus alunos. Só a Faculdade de Direito da Universidade de Cornell, por exemplo, emprega 1 milhão de dólares por ano com o programa *Practitioner-in-Residence*, além de 2 milhões por ano no programa *Distinguished Visiting Faculty.*[4]

A maioria das escolas da Universidade de Harvard possui programas de profissionais visitantes. A Harvard Keneddy School for Public Leadership, por exemplo, possui o Gleitsman Visiting Practitioner Program, que "ajuda a conectar os estudantes da universidade a inovadores sociais inspiradores, por meio de discussões moderadas pelos próprios alunos, grupos de estudos e palestras".[5] A Harvard

resultados inesperados – uma retroalimentação que dá à situação um novo significado. Eles ouvem e reformulam o problema. É isso [...] o que constitui um diálogo reflexivo com os objetos de uma situação – a maestria tipo projeto como prática profissional." (tradução livre).

4 Disponível em: <http://www.alumni.cornell.edu/giving_ops/law.cfm>.

5 Disponível em: <http://www.centerforpublicleadership.org/index.php?option=com_content&view=article&id=366&Itemid=206>.

Graduate School of Education possui um programa denominado Visiting Practitioner, no qual os visitantes contribuem com as atividades acadêmicas por meio de sua participação em seminários com estudantes ou em projetos. A Harvard Law School é talvez a escola com maior número de professores visitantes dentro dessa universidade, com a participação não apenas de professores de outras universidades, mas também de funcionários do U.S. Department of Justice e de outros órgãos públicos, advogados praticantes, juízes e até mesmo ex-assistentes do presidente dos Estados Unidos.[6]

O MIT também possui uma longa tradição no que se refere ao interesse por professores, cientistas, artistas e profissionais atuantes no mercado, recebendo cerca de 1700 visitantes por ano. Os visitantes recebem a denominação de Visiting Engineer, Visiting Scientist, Visiting Scholar, Visiting Professor ou Visiting Lecturer, dependendo de sua atuação profissional. O regulamento específico para cada categoria está disponível na página de Policies and Procedures do MIT.[7]

Além dos programas específicos de cada departamento, o MIT oferece dois programas gerais, custeados com verba própria: o Dr. Martin Luther King Jr. Visiting Professor Program[8] e o Artist-in-Residence (AiR) Program.[9] O primeiro é um programa específico para pessoas de grande reconhecimento que representam minorias, em especial afro-americanos e mulheres. O segundo é específico para as áreas artísticas, e faz parte de um pacote de ações que inclui prêmios e atividades artísticas oferecidos aos alunos da universidade como um todo, não restritos apenas aos alunos dos cursos de artes.

A Tabela 1, a seguir, apresenta outros cinco exemplos de programas específicos para especialistas visitantes em universidades dos Estados Unidos e Reino Unido.

---

6 Disponível em: <http://hls.harvard.edu/dept/oaa/visiting-faculty-appointments-2014-15/>.

7 Disponível em: <http://web.mit.edu/policies.>.

8 Disponível em: <http://web.mit.edu/mlking/www/vpp_index.html>.

9 Disponível em: <http://web.mit.edu/spair/air_overview/index.html#air_overview>.

Tabela 1. Alguns programas de especialistas visitantes em universidades

| Título | Instituto | Universidade | País | Descrição do programa |
|---|---|---|---|---|
| Distinguished Visiting Practitioner | International Center for Ethics, Justice and Public Life | Brandeis University | Estados Unidos | O programa *Distinguished Visiting Practitioner* traz profissionais respeitados em todas as áreas para o câmpus por três a cinco dias para discutir os desafios éticos e dilemas da área. Esses profissionais oferecem palestras abertas ao público, visitam as classes e conversam com estudantes interessados em seguir uma carreira em sua área. |
| Practitioner-in-Residence Program | Chapel Hill School of Pharmacy | The University of North Carolina | Estados Unidos | O programa *W.J. Smith Practitioner-in-Residence* traz um farmacêutico inovador para a escola a cada ano. O programa permite que profissionais bem-sucedidos auxiliem os estudantes a tomar decisões sobre sua carreira, e os professores, a melhorar sua prática acadêmica. |
| Distinguished-Practitioner-In-Residence | Evans School of Public Affairs | University of Washington | Estados Unidos | Profissionais que trabalham em tempo parcial contribuem para os programas executivos da Evans School, oferecendo cursos livres nos quais trazem para a sala de aula sua experiência do mundo real. |
| Practitioner-in-Residence | College of Veterinary Medicine | Cornell University | Estados Unidos | O objetivo do programa *Practitioner-in-Residence* é melhorar a compreensão de estudantes e professores sobre o mundo da prática profissional. Ao mesmo tempo, o programa oferece ao visitante o contato com as mais novas técnicas médicas, que lhe são apresentadas pelos professores. |
| Visiting Practitioners, Professors and Fellows | Ashcroft International Business School | Anglia-Ruskin University | Reino Unido | Profissionais experientes, analistas e consultores atuam junto aos programas de graduação, pós-graduação e extensão dessa universidade, estabelecendo uma ligação entre a prática em negócios e gerenciamento (*business and management*) e a realidade de um mercado cada vez mais globalizado. |

Uma outra forma de levar a experiência profissional ao ensino superior é a exposição dos professores à realidade cotidiana da prática. Com esse objetivo, a Advertising Educational Foundation dos Estados Unidos criou o Visiting Professor Program, no qual professores universitários da área de Propaganda e Marketing podem se candidatar a um estágio intensivo de duas semanas em uma agência associada em Chicago, Los Angeles ou Nova York. A preferência é dada a professores com pouca ou nenhuma experiência prática, e o objetivo do programa é "expor os professores ao dia a dia de uma agência de propaganda, marketing ou mídia, criando um espaço para a troca de ideias entre a indústria e a academia".[10]

No Brasil, a Universidade de São Paulo possui o Programa de Bolsas para Professor Especialista Visitante,[11] que tem como objetivo "propiciar aos docentes e discentes da USP a oportunidade de compartilhar conhecimentos com professores de outras instituições, nacionais e estrangeiras". Apesar de possuir um perfil mais voltado para pesquisadores, o programa prevê a possibilidade de participação de "especialistas de reconhecido valor" sem obrigatoriedade de titulação acadêmica.

A Unicamp possui há vários anos um programa denominado "Artista Residente",[12] que tem o objetivo de trazer para a universidade profissionais da área artística, mas sem necessariamente estabelecer uma conexão direta com a graduação.

## Descrição do PPEVG

O Programa Professor Especialista Visitante em Graduação (PPEVG) da Unicamp tem por objetivo possibilitar aos alunos e docentes o diálogo com profissionais de sua área com grande co-

10 Disponível em: <http://www.aef.com/on_campus/professor/vpp/1300>.

11 Resolução USP-5.553, de 15-6-2009, disponível em: <ftp://ftp.saude.sp.gov.br/ftpsessp/bibliote/informe_eletronico/2009/iels.jun.09/iels110/E_RS-USP-5553_150609.pdf>.

12 Disponível em: <http://www.gr.unicamp.br/artistaresidente/>.

nhecimento técnico-científico e de reconhecimento nacional ou internacional, possibilitando sua interação com a comunidade acadêmica e o estabelecimento de laços mais profundos com a comunidade externa à universidade.

No início, o tempo de atuação de cada professor especialista visitante era de cinco meses, não podendo ser maior nem menor do que o estabelecido. Mais recentemente, essa regra foi flexibilizada, permitindo a permanência entre um e cinco meses. A Pró-Reitoria de Graduação divulga dois editais por ano, um a cada semestre, para receber propostas, que são enviadas à PRG pelos coordenadores de curso. Cada coordenador pode apresentar uma única proposta em cada edital, ratificada pela Comissão de Graduação de seu curso, contendo a indicação de apenas um candidato ao programa Professor Especialista Visitante em Graduação.

Uma comissão designada pela Pró-Reitoria de Graduação seleciona até duas propostas por área do conhecimento (Humanas/Artes, Biomédicas, Exatas e Tecnológicas) a cada semestre, totalizando até dezesseis bolsas por ano. A comissão é nomeada semestralmente e é composta por um membro de cada uma das grandes áreas. Os membros convidados são consultados quanto a possíveis conflitos potenciais de interesse antes de serem designados para a comissão.

Os critérios de seleção são os seguintes:

- Pertinência e impacto esperado das atividades de ensino programadas para a visita, sobretudo no que diz respeito à formação dos alunos de graduação.
- Complementação de áreas pouco enfatizadas no currículo, ou em que haja carência de especialistas.
- Currículo do especialista visitante.
- É importante enfatizar que no item "currículo" os critérios são completamente diferentes daqueles utilizados pelos órgãos de pesquisa. O candidato não precisa necessariamente ter nenhum título de pós-graduação, mas precisa demonstrar sua experiência profissional e o impacto prático de seu traba-

lho na área em que atua. Além disso, a seleção não é feita com base apenas na comparação entre os currículos dos candidatos, e sim entre as propostas completas apresentadas. É dada prioridade às propostas apresentadas pelos cursos que ainda não tenham sido contemplados, ou que tenham sido contemplados menos vezes. Embora sejam bem-vindas, não é exigido qualquer tipo de participação do professor visitante em publicações ou disciplinas de pós-graduação. A participação em atividades ligadas diretamente à graduação, como reuniões de professores, consultoria com relação aos currículos, orientação e participação em bancas de trabalhos de fim de curso etc. contam positivamente na seleção das propostas.

- O programa tem o objetivo de beneficiar não apenas os alunos, mas também os professores que acompanham os convidados ao longo do semestre, permitindo sua atualização. Para isso, é obrigatório que um professor da Unicamp também participe da(s) disciplina(s) oferecida(s) pelo visitante.

## Resultados

A avaliação dos resultados do programa é feita sobre um relatório elaborado conjuntamente pelo professor visitante e pelo professor da Unicamp que o recebe, acompanhado de um parecer do coordenador do curso e da avaliação da disciplina feita pelos alunos.

Nas avaliações realizadas até 2013, constatou-se que o Programa Professor Especialista Visitante permitiu introduzir efetivamente a experiência prática de profissionais na formação dos alunos de graduação, nas diversas áreas da Unicamp. Os alunos têm desfrutado de uma oportunidade única para discutir problemas relacionados à sua futura profissão, enquanto professores e cientistas estão tendo a oportunidade de confrontar seus conceitos e conhecimentos com os dos profissionais atuantes no mercado.

O programa, contudo, não é isento de riscos nem de críticas. O principal risco é provavelmente a desistência do profissional no meio do semestre, o que já ocorreu uma vez. Há também o risco de uma falta de comprometimento com a(s) disciplina(s), o que levaria a desmotivar os estudantes. Por isso mesmo, a escolha muito criteriosa dos profissionais que recebem essa bolsa é fundamental. Além disso, a ideia original do programa não é de servir como uma bolsa-tampão para um pós-doutor, por exemplo. Houve situações em que alguns candidatos tinham um perfil mais acadêmico, com um pós-doutorado recém finalizado, e que estavam buscando reposicionamento. Como há muitas pessoas com esse perfil na própria universidade, é importante estar atento para que essa prática não seja realizada.

A principal crítica feita ao programa era o valor da bolsa, que equivalia ao salário integral de um professor doutor RDIDP, independentemente da titulação do professor visitante, sendo isenta de impostos e com exigência mínima de apenas quatro horas semanais de dedicação. Contudo, ao mesmo tempo que alguns críticos consideravam esse valor injusto em comparação aos salários dos professores na universidade, outros afirmavam que o valor era insuficiente para atrair profissionais altamente gabaritados do mercado, como diretores de grandes empresas, por exemplo. Embora essas diferenças de opiniões resultem provavelmente dos salários praticados nas diferentes áreas do conhecimento, optou-se por adotar um valor único para todos os cursos, o que se considera mais justo, tendo em vista a universidade como um todo.

Apesar dessas críticas, inerentes a qualquer inovação, o programa teve um impacto muito positivo nos cursos beneficiados, enriquecendo e complementando a experiência acadêmica de alunos e professores.

## Referências bibliográficas

DEWEY, J. *Experience and Education*. Nova York: Touchstone, 1997 (publicado originalmente em 1938).

KHUN, T. *A estrutura das revoluções científicas*. Campinas: Editora da Unicamp, 1962.

SCHÖN, D. *Educating the Reflexive Practitioner*. San Francisco: Jossey--Bass, 1987.

SIMON, H. A. *The Sciences of the Artificial*. Cambridge (MA): MIT Press, 1998.

# Sobre os autores

**Armando Zeferino Milioni.** Professor titular do Instituto Tecnológico de Aeronáutica; secretário Nacional de Desenvolvimento Tecnológico e Inovação.

**Cyntia Ludovico Martins.** Professora assistente doutora da Universidade Estadual Paulista (Unesp).

**Elizabeth Balbachevsky.** Professora associada da Universidade de São Paulo (USP); colaboradora associada ao Centro de Estudos Avançados da Universidade Estadual de Campinas (Unicamp).

**Everton José Goldoni Estevam.** Professor assistente da Universidade Estadual do Paraná (UEPR).

**Maria Gabriela Caffarena Celani.** Professora associada da Unicamp.

**Helio Waldman.** Professor titular (aposentado), Unicamp e Universidade Federal do ABC (UFABC).

**Léo Fernando Castelhano Bruno.** Professor e pesquisador da Fundação Dom Cabral; professor colaborador da Universidade Federal do Amazonas.

**Luiz Roberto Liza Curi.** Conselheiro do Conselho Nacional de Educação.

**Marcelo Knobel.** Professor titular da Unicamp.

**Marco Aurélio Nogueira.** Professor titular da Universidade Estadual Paulista (Unesp); coordenador científico do Núcleo de Estudos e Análises Internacionais (NEAI), vinculado ao Instituto de Políticas Públicas e Relações Internacionais (IPPRI) da Unesp.

**Marcos Felipe Silva de Sá.** Professor titular da Universidade de São Paulo (USP).

**Maria Teresa Kerbauy.** Professora colaboradora da Universidade Estadual Paulista (Unesp).

**Mário De Beni Arrigoni.** Professor adjunto da Universidade Estadual Paulista (Unesp).

**Peter V. Scoles.** Senior Associate Dean, Sidney Kimmel Medical College, Thomas Jefferson University, Philadelphia PA.

**Ruthy Nadia Laniado.** Professora associada da Universidade Federal da Bahia (UFBA).

**Teresa Dib Zambon Atvars.** Professor titular da Unicamp.

**Thomaz Wood Jr.** Professor titular da Faculdade Getúlio Vargas (FGV).

SOBRE O LIVRO

*Formato*: 14 x 21 cm
*Mancha*: 23,7 x 42,5 paicas
*Tipologia*: Horley Old Style 10,5/14
*Papel*: Offset 75 g/m² (miolo)
Cartão Supremo 250 g/m² (capa)
*1ª edição*: 2016

EQUIPE DE REALIZAÇÃO

*Capa*
Estúdio Bogari

*Edição de texto*
Silvia Massimini Felix (Copidesque)
Valéria Braga Sanalios (Revisão)

*Editoração eletrônica*
Eduardo Seiji Seki

*Assistência editorial*
Jennifer Rangel de França

Impressão e Acabamento
FARBE DRUCK
gráfica e editora ltda.